岩波新書・中國的歷史 3

草原的稱霸

「草原の制覇 大モンゴルまで」

古松崇志
Takashi Furumatsu
黃耀進◎譯

目次

編輯前言

現在，讓我們重新閱讀中國史——「中國的歷史」書系目標

中國，一個很近卻又很遠的國度。

當年，我們這部書系的作者們甫成長的時代，中國是個無法前往的國家。中國大陸上發生了什麼事，也幾乎是一片模糊。雖說中日兩國一衣帶水，距離十分近，但卻什麼也看不見。

然後，半個世紀過去了。現在如何？前往中國幾乎自由了，許多人在中國進進出出。一衣帶水，真的很近，關係也很深。無論好壞，中國都是個十分重要的國家。

但是，現在的我們，真的看清楚中國與中國人了嗎？無論表面上如何關注，其內涵仍然是個謎。原本應該拉近距離的中國，其實仍然很遙遠。

不過，歷史提供了線索，讓我們有機會接近中國這個謎團。就像我們要

認識一個人，也要先看他的履歷表一樣。眼前的中國也是，過去的履歷，隱藏著接近其核心的脈絡。

當然，關於中國的歷史，早有許多重量級的學者留下不少著作。不過，這些著作大多有一個共通的模式，那就是大多採用編年史的寫法，按照時代的興替進行撰寫。

然而，中國十分巨大。疆域比歐洲還廣闊，人口也非常多。歐洲十餘個國家，各自書寫自己的歷史，由於歐洲各國各自有多樣化的發展，因此歷史也必須按照各國自身的歷史進程書寫才行。

但中國呢？就算同屬一個國籍，其中所具備的多元性應該也不遜於歐洲。然而，以前的中國史書寫卻極少觀照這個方面，僅從「中國」這個清楚的框架進行時代更迭的論述，最終變成與過去的王朝交替史觀並無二致，且容易受到特定意識形態所影響的內容。因此，我們認為有必要書寫一部更適合現在全球化的現代社會閱讀、且更接近中國多樣面貌的中國史敘述。

本書系以「多元性」為編寫方針，共以五卷構成。第一卷以東亞的文明為起點，描述中國逐漸具備多元面貌的過程。第二卷以南方在逐漸開發之後，躍上經濟文化中心的歷史為主要內容。第三卷則以不停對中原造成影響，最終卻融入其中的草原世界為論述的重點。第四卷起，加重海洋的觀點，敘述中國南北海域與陸域的多元化不停增強的過程。第五卷以承接第四卷的多元性敘事為起點，重新檢視與現代中國連結的歷史過程。

各位讀者若能經由本書的內容，理解中國多樣的面貌，實為作者的榮幸。

書系作者群　上

本書系的構成

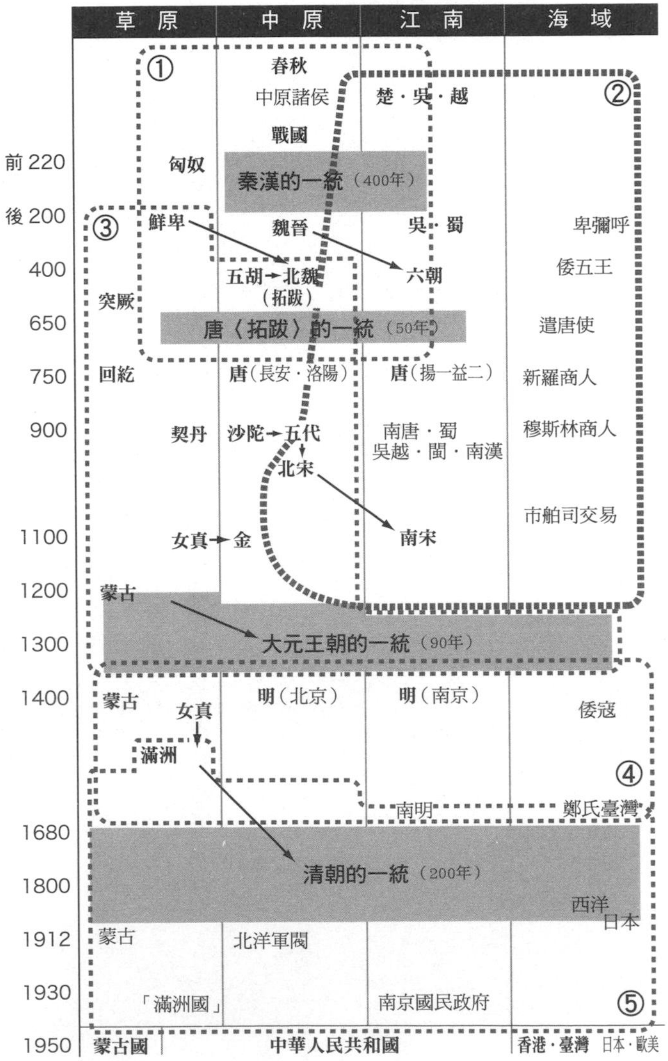

草原
中原
江南
海域
前220
後200
400
650
750
900
1100
1200
1300
1400
1680
1800
1912
1930
1950
①
②
③
④
⑤
春秋
中原諸侯
楚・吳・越
戰國
匈奴
秦漢的一統（400年）
鮮卑
魏晉
吳・蜀
卑彌呼
五胡→北魏
（拓跋）
六朝
倭五王
突厥
唐〈拓跋〉的一統（50年）
遣唐使
回紇
唐（長安・洛陽）
唐（揚一益二）
新羅商人
契丹
沙陀→五代
北宋
南唐・蜀
吳越・閩・南漢
穆斯林商人
市舶司交易
女真→金
南宋
蒙古
大元王朝的一統（90年）
蒙古
女真
滿洲
明（北京）
明（南京）
倭寇
南明
鄭氏臺灣
清朝的一統（200年）
西洋
日本
蒙古
北洋軍閥
「滿洲國」
南京國民政府
蒙古國
中華人民共和國
香港・臺灣
日本・歐美

臺灣版序

本次「岩波新書・中國的歷史」系列的繁體中文版透過臺灣聯經出版公司的努力終於得以上市。身為作者之一，能在中文圈獲得新的讀者，實感喜出望外。包括譯者黃耀進先生在內，筆者要向所有致力於本系列叢書翻譯出版的相關人士們致上謝意。

本系列叢書的最大特色，就是描寫漫長的中國歷史時著眼於多元性。特別是最初的三卷在時代上有不少相互重疊的部分：第一卷說明中原王朝「古典國家體制」的成立與開展；第二卷說明南方（江南）及海洋世界的連結；第三卷說明北方（華北）與草原世界的相互關係，即便時代有所重疊，仍以不同的焦點進行敘述，在中國歷史系列書籍中可謂首次採用此種特殊敘述結構。即使在中文圈提及中國通史，大致也以王朝斷代史為主，因此面對本叢書首開前例的敘述結構時讀者或許會有些不習慣。因此，為了幫助中文圈讀者容易理解，此處也針對以草原世界為對象的本書進行若干補充說明。

針對本書必須提及一個學術上的背景，那便是日本的內亞史研究潮流，此潮流追溯起來可以上溯至二十世紀初頭東洋史學成立之際。話說日本的東洋史學最初是抱持著釐清整個亞洲區歷史的宏大發想起步的，後因日本採取入侵中國的國策，於此背景下研究重心移至以滿洲與蒙古為主要對象的「滿蒙史」，而且占據了日本亞洲史學的重要部分。二次世界大戰後學界一方面承繼「滿蒙史」的實證研究遺產，一方面也重新活用多語言史料及新出土史料，繼續推進以蒙古帝國等為主的游牧王朝歷史及絲路交易等東西交流史的研究領域。至九〇年代以後，伴隨著史料狀況的改善與研究細緻化，此領域出現了顯著且長足的發展，而內亞史這個關注歐亞大陸內陸世界共通性的歷史研究區域框架也逐漸獲得普及。內亞史，這個日語中稱為「中央歐亞大陸史」的詞彙，在中文圈大概多稱之為「內陸亞洲史」，近年來亞洲與歐洲的之間的隔閡逐漸消去，聚焦於廣大歐亞大陸相互連結性的內亞史也逐漸站穩腳步。

在日本內亞史研究的盛行，因為具備擴展研究視野的意義，所以也對鄰接的中國史研究帶來巨大的衝擊。二十世紀中，蒙古帝國史與清史領域研究獲得發展，到了進入二十一世紀的前後，與內亞史相關的北朝史、隋唐五代史、遼金史等考察更早時代的研究也呈現出活絡的景況。

筆者本身也關心北方游牧王朝與中原王朝間的關係，特別聚焦於契丹及北宋，針對遼宋關係史進行研究，因為研究對象橫跨北方草原世界與中國本土兩側，因此對於該如何設定合適的研究框架深感苦惱。當時東亞史研究的熱門方式大多以中國為中心再包含其他周邊區域，不過筆者已然感到此框架並不適用於自己的研究主題。

眾所周知，東亞史由西嶋定生首倡，主要的框架在處理日本史與大陸的關聯，即便今日仍持續具有重要的價值。然而，在西嶋的東亞史中並未包含蒙古與滿洲，與此相對，堀敏一認為排除這些與中原王朝有著深厚關聯的區域是種研究缺陷，故提倡包含蒙古高原、滿洲平原及河西走廊等等區域之廣域東亞史。只是，堀敏一所主張的廣域東亞史構想其著眼點仍以中原王朝為中心，據此展開對歷史的考察，並僅將北方王朝當作周邊勢力來處理。此種取徑與基於中國傳統儒家華夷思想的史觀多所相似。

在這樣的背景下，我所構思出來的處理方式，就是歐亞大陸東方史這一個區域框架。關於此框架在導言中有詳細說明，此處略過不提；在得到內亞史的構想後，我改以歐亞規模的視野鳥瞰歷史世界，並嘗試藉此與過往以中國為中心的史觀拉出對比。約略同一時期，在日本也逐漸出現採用「東部歐亞大陸史」或「歐亞大陸東方史」等相同區域框架的風潮，到了二〇一九年八月，日本唐代史研究會甚至主辦了名為「思索東部歐亞大陸論」的研討會。會中各個討論者試圖整理、掌握種種背景與含意各異的「東部歐亞大陸論」。筆者也受邀在研究會登台發表，並在發表中再度強調自己的主張，亦即：如果排除內亞史的觀點，則「東部歐亞大陸史」或「歐亞大陸東方史」皆難以成立。

同時，以中國的討論者為中心，他們也提出歐亞大陸東方缺乏足夠的核心實力來整合該區域，然而此區域原本就不若東亞的「漢字文化圈」般基於共通屬性而形成，至多是基於多樣的人類集團（亦即所謂的「民族」）經交通往來而設定的興亡舞台，當研究以此種狀態為常態的歐亞大陸歷史時，採用多文化、多文明交錯的動態性歷史研究區域設定仍應屬適當。無論如何，歐亞大陸東方史依舊是未成熟的歷史研究構想，今後還必須持續積累各種討論意見。

包含這類歐亞大陸東方史的議論在內，對於中文圈讀者將會如何解讀本書，筆者深感期待。

二〇二一年九月

古松崇志

導言

本書作為「岩波新書・中國的歷史」系列的第三卷，將聚焦於討論北方草原地帶的游牧民族。要回答貫穿本系列的設問：「中國是如何形成的？」便必須討論一位給多元中國歷史增添濃厚色彩的重要角色：北方游牧民族。

如果要概述本書的目的，那便是嘗試立身於寬廣歐亞大陸史的史觀，重新審視中國歷史。箇中的關鍵，即是往昔廣泛分布於歐亞大陸中心地區、居住於乾燥地帶（草原或沙漠）的游牧民族。中國北方的生態環境與此乾燥地帶接壤，正因如此，遠道來自北方草原的游牧民族頻繁在中國歷史中登場。想要開展、討論中國歷史，他們的存在不容忽視。

在過往的中國或西洋歷史論述中，游牧民族總被置於邊緣。然而近三十年來他們生活的歐亞大陸中心地區受到矚目，被稱為「內亞史」（Inner Asia）的新史學研究領域出現，游牧民族在歐亞史乃至世界史中占據的重要性逐漸受到廣泛認識。這種內亞史研究見解的深化也及於中國史研究，不拘泥於斷代的游牧民族相關問題研究數量漸次增加。即便在今日中國，作為本國史的中國史也不再局限於傳統狹義上的中國（中華）文明框架，而開始描繪包含游牧民族在內的，多種民族交互往來之多元世界的歷史。

本書將沿襲此一近年潮流，重新設定一個名為歐亞東方史的框架來連結內亞史、中國史甚或東亞史，審視游牧民族及其創建之游牧王朝（游牧國家）的動向，以及與中國之間又有何關聯。第一章將從北魏以至隋、唐的「拓跋國家」說起，討論游牧民族活動給中國史發展帶來的重大影響，後續章節再依序推展至突厥語系王朝與集團（包括突厥、回紇〔回鶻〕、安史勢力）、契丹、沙陀系王朝、西夏（黨項）、金（女真），直到統合歐亞並一統中國的蒙古帝國為止，描繪活躍於歐亞大陸東方的游牧勢力及王朝的大略歷史。

另外，本書中將出現大量非漢語（如突厥語、契丹語、女真語、蒙古語等）的固有名詞及術語。蒙古時代以前的相關史料多為中文史料，因此使用其中文表記，此外也納入近年非中文文獻史料研究成果，將推測的發音以旁注表示（但也包含部分暫定的推測發音，本書將權宜處理），請讀者留意。

序章

歐亞東方史及游牧王朝

一、內亞的騎馬游牧民族

何謂內亞地區

當我們眺望歐亞大陸衛星圖時，可以看出從大陸中央部分一直到西南部分為止延伸著缺乏地表植被的土壤地帶，這塊土色的區域即是沙漠或乾草原（steppe）遍布的廣大乾燥地帶。

在此乾燥的歐亞大陸內陸部分，近年來人們著眼於生活此地區人們的生活與文化共通性，將此區統括稱為內亞並逐漸固定下來。內亞區域廣大，想要掌握此地自然與人們生活樣態時，將其二分為北方草原地帶及南方沙漠地帶會更容易理解。

乾草原（steppe）的草原地帶大約在北緯四十五度至五十度間向東西延伸，東起大興安嶺山脈東麓，經蒙古高原、準噶爾盆地、哈薩克草原、南俄草原（往昔的欽察草原），向西延伸至東歐匈牙利平原為止。此地帶草本植物

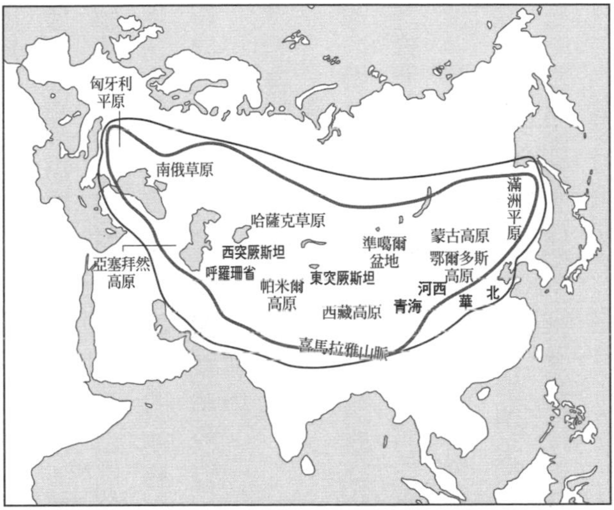

圖 1　內亞及其外緣

較為茂盛，屬於適合游牧的自然環境。職是之故，歷史上北方草原地帶長期皆為游牧民族的生活天地。

稍微偏南的北緯四十度左右，大致年均降雨量不足二百公釐，東起戈壁沙漠、塔克拉瑪干沙漠，沙漠地帶向東西延伸。極度乾燥的沙漠區域不適人居，但高山山脈周遭因保有河川、泉水、地下水等水源，出現散布各處的綠洲。這些綠洲地帶自古即栽培小麥，進行灌溉農耕與畜牧，形成聚落或城市。

沙漠地帶的南側依然延伸

著乾燥地帶，在帕米爾高原以東、塔里木盆地東南、世界的屋脊喜馬拉雅山脈以北，橫亙著既高又廣的西藏高原。西藏因乾燥導致許多地方屬於不毛地帶，但部分沿河谷地則為適合農耕、定居的場所。草原及半沙漠則可進行游牧。帕米爾高原西側的西亞北部則連綿著乾燥高原，雖然乾燥，但山間谷地、山麓等可確保水源處仍有可能進行灌溉農耕。西亞為既適合農耕也適合畜牧的區域，歷史上屢屢可見農耕居民與游牧民族共存的狀況。

發源自乾燥地帶的農耕與畜牧

如此一來，內亞乾燥地帶的傳統生活方式可以大致區分為草原上的游牧及綠洲區的定居農耕兩類，而它們又形成了什麼樣的歷史？

至西元前一萬年為止，人類已經透過狩獵採集取得食糧，接著人們開始在西亞的「肥沃新月地帶」（從美索不達米亞平原至敘利亞、巴勒斯坦之間區域）栽培小麥、豆類，且畜養綿羊、山羊、豬、牛，展開農耕、畜牧生活。附隨於農耕的畜牧最早在過著移動生活的狩獵採集族群中出現。據推測，西亞應該並存著農耕畜牧民與狩獵畜牧民，西元前五五〇〇年左右，西亞草原地帶隨氣候暖化導致乾燥加劇，導致邊移動邊進行畜牧的人們出現。游牧自此拉開序幕。

源於西亞的小麥農耕與綿羊畜牧在西元前六〇〇〇至五〇〇〇年傳播至中亞一帶，但最初普遍都過著定居生活。此時期地球氣候較今日更為溫暖、濕潤，內亞北部擁有茂密的闊葉林。接著西元前二五〇〇年左右起，隨著氣候乾燥化，此區域逐漸轉變為與今日相似的草原、半沙漠區域，形成了連接歐亞東西的草原地帶。

騎馬游牧民族的誕生

在內亞草原地帶上每年需要移動相當長距離的游牧，其擴散與騎馬技術的普及有著密切的關聯。而這種騎乘技術得等到西元前九世紀左右才被人類掌握。

人類究竟是在何時將馬馴化成家畜仍未有定論，且還存有許多疑點。目前最有力的說法是西元前三五〇〇年前後內亞的某處開始食用馬肉，西元前二〇〇〇年左右西亞一帶開始騎馬，不過作為人類移動的手段，早期更多是以馬拖車。西元前二〇〇〇年到西元前一五〇〇年左右，馬車開始於西亞普及，被當作士兵們乘坐的戰車。戰車與家畜化的馬匹於西元前一四〇〇年左右傳至中國。馬匹與戰車的使用讓長距離的軍事行動得以實現，也造成各地王權的統治範圍規模擴大。

騎乘技術的普及較戰車晚了許多。西亞於西元前一〇〇〇年，內亞草原地帶則於西元前九〇〇年之後能證明騎乘馬匹的考古證據才逐漸增加。關於初期游牧文化的早期遺跡（西元前九世紀—前八世紀），咸認以南西伯利亞圖瓦（Tyva）的阿爾然（Arzhan）一號墳為嚆矢，此處出土了許多青銅製的馬銜、馬鑣。所謂的馬銜是穿過馬下顎沒長牙齒空隙部的金屬棒，馬銜兩端露出部分安上鑣，再繫上頰帶防止馬銜掉落，並連結轡繩讓騎手得以控馬。到這個階段人類終於能夠自由統御馬匹了。草原地帶騎馬的人們能憑藉著步行遠不能及的速度進行長距離移動，擴大畜牧的規模與移動距離。至此，騎馬游牧民族於焉誕生。

隨著騎馬游牧民族勢力的擴大，騎馬技術也傳播到歐亞各地。在此過程中騎馬的人們開始手持武器，形成了精悍的騎兵軍團。在不具引擎動力系統的時代，騎兵軍團乃最富機動力的超強軍隊。之後歐亞大陸各地的戰場主角逐漸由戰車部隊轉變為騎兵軍團。伴隨騎乘馬匹的技術革新打造出騎兵軍團，這在世界史上數度發生的軍事革命中稱得上具有劃時代的意義。而其帶來的結果將如後所述，使騎馬游牧民族於軍事面占得優勢，以此軍事力量為基礎形成了游牧王朝（游牧國家），並進一步席捲歐亞各地。

游牧民族與定居農耕民族的共生關係

憑藉著高度發展的馭馬技術而登上世界舞臺的游牧民族，在人類史的漫長跨度中屬於較新的現象。這讓人們能在難以農耕的草原上生產食糧，同時具備擴大人類生活圈的意義。如此，西元前九〇〇年以降內亞便由以北方草原地帶為主的游牧民族及以南方綠洲周邊為主的定居農耕民族，兩大操持不同營生方式的人類集團並存，此狀況更一直持續到二十世紀初。

這裡必須注意的是，所謂的游牧是指畜牧的一種形式。使用表示移動的「游」與表示畜牧的「牧」合併而成的詞彙，帶著「移動式的畜牧」之意。亦即帶著綿羊、山羊、馬、牛、駱駝等家畜群隨季節而移動的畜牧形式。配合此種移動生活方式，居住上採用組合式帳篷。個別游牧集團大致都有各自固定的冬、夏草場與移動路線，且通常每年都會進行定期的遷移。

對游牧民族而言，家畜群就是所有的財產。因此，純粹的游牧形式生活能自行生產的物資僅限於家畜，並不足以支撐自給自足的生活。從過往開始，包括穀物、蔬菜等食糧與日用品等物資皆須從外部取得。為此，游牧民族透過交易或掠奪方式，從居住於綠洲等處的定居農耕民族、城市商工居民處獲取。換言之，所謂游牧的生產方式並無法單獨成立，自古便須與定居的農耕民族或都市居民這些他者有所往來。

這樣的說明或許會給人一種自給度低的游牧民族是必須依靠定居農耕民族或都市居民的弱勢群體印象。有一部分的游牧民族確實如此，特別是在游牧生活形式遭邊緣化的十九世紀以後更加顯著。但回顧漫長歷史，卻可看到游牧民族占據政治上的優勢，統治綠洲與都市，並頻繁促其上繳稅金與進貢，究其原因，即在於前述以騎兵軍團為靠山的軍事實力。

同時，從綠洲居民的觀點看來，這種統治與被統治的權力關係也不必然是屈從或被迫，一些時候更是種必需的狀況。例如在內亞的許多綠洲，其可耕地與適合畜牧的草地範圍有限，因此從很早期便開始出現農牧業以外的謀生方式，即以交易為主的營生手段，他們與其他綠洲和區域間存在商隊貿易的發達商業活動。而為了讓商隊貿易能夠順利進行，確保連結綠洲間交通網絡的安全便不可或缺。在游牧民族大範圍軍事力量的庇護下，商隊得以維持長距離交易的安全，也促成歐亞各地間的活潑商業交易。關於這個旁側面向我們也必須加以關注。

內亞史的重要性

內亞對一般人而言仍是陌生的區域，在亞洲史研究領域中，近二十餘年來學界才逐漸出現「內亞史」這個歷史研究的框架。內亞原本是一九六〇年代歐洲學者丹尼斯・塞諾（Denis Sinor）所提倡的空間概念，而內亞史的歷史研究內容包含蒙古史在內，大多都是由日本研究者推動深耕。

過往無論中國或歐洲定居民族保留下來的傳統歷史敘述，以及西洋成立的近代歷史學論述，都將騎馬游牧民族視為周邊與野蠻，此研究框架的最重要意義，就在於從歷史上重新審視游牧民族所扮演的角色。亦即，以內亞草原地帶的騎馬游牧民族為核心，他們憑藉卓越的騎兵軍事力量於歷史上數度建立游牧王朝，擴大本身版圖進而含括周邊定居農耕民族，重視游牧民族在歐亞各地一直以來推動的歷史進程。一如本書中所舉出的，蒙古帝國可以定位成內亞騎馬游牧民族主導歐亞歷史時期的一個頂點。

此外，如前所述，內亞除了生活於草原上的騎馬游牧民族外，也存在進行農耕與工商業、生活於綠洲的定居人群。因此內亞的歷史是草原的游牧民族與綠洲定居民族兩種相對社會的共生關係結合後，以此為基調展開而來的。而範圍廣大的內亞也因具備種族、語言、宗教等多樣性，所以也才能被視為一個歷史世界來處理。

後述連結內亞內部草原與綠洲，被稱為「絲路」的交通、商業網絡即是支撐著此二者的共生關係而發展起來的。因為有連接廣大內亞的交通、商業網絡，使近代之前被認為各自孤立的歐亞大陸各地區得以藉內亞媒介而相互連通。被定居農耕民族視為邊緣的內亞，在近代之前，特別是海上交通比重增加的十六世紀之前，擔任著連結世界樞紐的地位，這在世界史上具有相當的重要性。

二、游牧與農耕相遇的內亞東方史

華北與內亞的連結

此處暫且擱置內亞，先將本書目光轉向歐亞大陸東部。北至萬里長城以南、西至西藏高原以東、東南臨海，此範圍內指涉著「中國本土」。根據自然地理及生態環境特質可以秦嶺山脈、淮河一線劃分南北，此線大約與年降雨量一千公釐線相互重疊。劃分中國地理區的方法眾多，本書將基於此最簡易的二分法將此線北側稱為華北，南側稱為江南。關於江南的發展留給本系列第二卷細述，此處且略過不提。

以黃河流域為中心的華北年均降雨量大約在四百至八百公釐，降雨最少處僅約日本四分之一的雨量。此區域不僅降雨量少，而且受到季風的影響降雨偏向集中於夏季至秋季，整年的降雨分布區別明顯。職是之故，此區經常暴露在春、夏的旱災與夏、秋的洪水威脅下。雖然自然環境的條件嚴苛，但自西元前六〇〇〇年起這塊土地上獨自出現小米、黍的農耕栽培以來，即出現立足於農耕的文明，且在世界史上也屬於知名的早期發展文明。

若從歐亞大陸整體的觀點來看華北區域，它位於內亞的東南邊緣，橫跨在內亞乾燥地帶與東亞濕潤地帶之間，是從乾燥轉向濕潤的地區。華北的西部與北部和內亞在地理上有密切相鄰的關係，華北北部的大同盆地、鄂爾多斯高原、黃土高原一帶標高較高，與戈壁沙漠間夾著蒙古高原，且二者相連，地勢上並無明顯區隔。而長安所在地的關中盆地受與蒙古高原地勢相接的黃土高原所包圍，西側隔著隴山與西藏高原接壤，朝西北方向而去，在祁連山脈北側與散布著綠洲的河西走廊相通。自古即為中國王朝政治中心的關中盆地，位於和內亞鄰接的區域上。

農耕、游牧交界地帶的歷史重要性

地理上分界並不明顯的蒙古高原與華北之間，並沒有明確的生態環境區別，毋寧說兩者具備著連續性。華北地區越往西、北降雨量越少，氣溫也越低。華北西北部的氣候特徵與內亞相同，屬於乾燥寒冷的狀態。

這種自然環境的共通性，導致橫跨蒙古高原南側及華北北側的地帶並存著適合游牧民族生活的草原，與適合農耕民族生活的可耕地，內亞的游牧民族與中國本土定居的農耕民族雙方都可生活的農耕、游牧交界地帶廣袤延伸。具體而言，即是從大興安嶺東麓經遼河上游、陰山山脈、鄂爾多斯高原，一直連綿到西藏高原東端的帶狀區域。

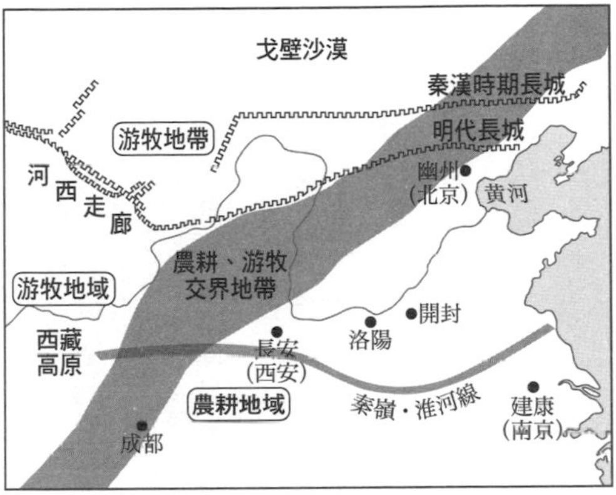

圖 2　位於歐亞大陸東方的農耕、游牧交界地帶

因應不同時代狀況雖有所變動，但歷史上此一帶狀區域為游牧民族與農耕民族頻繁接觸、混雜的空間，因為雙方之間經營交易，此區附近興起與發展了大量城市。此外，騎馬游牧民族的集團或王朝憑藉著軍事力量上的優勢涉足此農耕、游牧交界地帶，進一步入侵中國本土，偶爾甚至出現將其納入統治的時期。農耕、游牧交界地帶成為連結內亞與中國本土的區

塊。

關於農耕、游牧交界地帶（也稱為「農牧接壤地帶」）的想法，在日本由妹尾達彥所提倡，之後石見清裕與森安孝夫等人更深入探討，近年被內亞史與中國史相關研究者所接納，其重要性受到廣泛的認可。

何謂歐亞大陸東方史

本書中為了從內亞與中國本土相連接的觀點來思考歷史，將持續以騎馬游牧民族的動向為中心關注內亞史，並與東亞史及中國史相接，嘗試重新設定「歐亞大陸東方」這個空間概念。而在歐亞大陸東方史的框架下，主要以西元四世紀至十四世紀這段時期為討論對象，並以來自蒙古高原及其東側滿洲平原（又稱東北平原）之狩獵游牧民族為核心，描繪該些游牧集團（游牧王朝）進入中國本土的趨勢，分析他們給中國或東亞歷史帶來的巨大衝擊。

所謂的歐亞大陸東方史，並非以內亞史或東亞史（抑或中國史）的動向為主軸來審視，而是企圖以更寬廣、平等的視野進行歷史研究的一個框架。當然，意味著「歐洲＋亞洲」的歐亞大陸一詞產生自近代歐洲，此地理概念帶著歐洲在前亞洲在後的優勢含意，但此處將站在中立的，強烈意識到內部連結關係的立場，將亞洲與歐洲視為一整塊大陸，並在這層意義上冠以歐亞大陸之名。

歐亞大陸東方指涉的範圍，大致包含帕米爾高原以東、中國本土、朝鮮半島、滿洲、東西伯利亞、蒙古、河西走廊、東突厥斯坦、西藏、雲南、直到中南半島的廣大範圍。亦即不限於中國本土、朝鮮半島等一直以來稱為東亞的區域，還包含內亞東側部分（即北亞與中亞的一部分）及部分東南亞地區。

此框架也不再使用過往東亞世界論所建構的，以中國文明馬首是瞻形塑而成的世界觀，而是各類種族、人類集團生活的多元化空間，他們擁有各式各樣的語言、營生方式、宗教、習俗等。從而，此區域設定雖包含受到源自中國本土、蒙古、滿洲等各地王朝政治、文化強烈影響的地區，但絕無將其視為單一文化圈並與其他區域切割的意圖，因此無須想定一個僵硬的框架。例如，將帕米爾高原區分為東西部的方法，僅是從內亞乾燥地帶連結東西的發想進行思考，不必然有嚴密的區隔。在某些時候也同時考量蒙古和中國本土的發展關係，因此會出現需要跨越東突厥斯坦涵蓋至西突厥斯坦的情況。

根據這種寬鬆且開放的地區概念，方有可能全盤概觀內亞騎馬游牧民族集團、王朝與中國王朝的歷史開展：雙方如何相互對立、交流、融合；游牧王朝如何統合、統治；以中國本土為據點的王朝如何進出內亞等多邊多樣的關係性。從而當我們追溯在擁有強大軍事力量的游牧王朝與中國王朝霸權下，周邊各中小型王朝、集團等諸勢力如何存續，嘗試理解內亞史上常態性的政治勢力多元化狀況時，這也是一個相當有效的框架。

此外，在描述歐亞大陸東方史時，當然也必須將中國南部至東南亞乃至南亞的海域世界納入考量，不過該部分將留給本系列叢書中專門針對江南發展的第二卷進行討論。此處須先言明，本書除處理蒙古時代的第五章外，基本上都限定在北方的歷史敘述。

中國王朝與馬匹

筆者思考中的歐亞大陸東方史，其基本構造係以蒙古高原、滿洲平原之狩獵游牧與中國本土（華北）農耕此二類相異營生方式為個別基礎，透過探討游牧王朝與中國王朝（中原王朝）兩類型相異之王朝國家如何接壤，強調其間如何興亡消長。

至於在中國本土南方形成的中國王朝，其詳細說明則留給本叢書系列第一卷。此處僅想指出從秦朝至漢朝中國王朝處於成立期階段的幾個統治體制的主要特徵：在歐亞大陸上擁有足堪自豪、首屈一指人口的中國本土農耕社會以其生產力為基礎建構出巨大的官僚組織及常備軍隊；基於發達的公文行政而發展出郡縣制等行政機構；為支持王朝統治由官方制定獨尊儒術的體制性教學制度等。

但是，我們也不能漏看建立中國秦、漢王朝的華北西部位於內亞邊緣上較為乾燥的地區，此自然環境相對容易導入發源於內亞的馬匹繁殖技術。馬偏好乾燥、寒冷的地理環境，討厭暑熱。如「南船北馬」一詞所示，運河、河川、湖沼等水源豐富的江南地區主要交通方式為船隻，而乾燥的華北則多使用馬匹。歷代以華北為根據地的中國王朝，皆無例外的在繁殖、飼養馬匹上投注心力，畢竟擁有強大的騎兵軍事力量是確保王朝存續的重要骨幹。在這點上，位於華北及蒙古高原接壤處的農耕、游牧交界地帶，對華北的中國王朝而言，作為一處容易抵達的馬匹產地，具備著非常重要的意義。

游牧王朝的原型

接著探討關於北方游牧王朝的部分。關於內亞誕生騎馬游牧一事已於前文提及，日後則出現以騎馬游牧民族為主幹的游牧王朝。文獻中能確認最早的游牧王朝是西元前八世紀到西元前四世紀繁榮於黑海北岸與高加索北方，由斯基泰人（Scythians）建立的王朝，在希羅多德（Herodotus）於西元前五世紀以希臘文寫成的《歷史》（*Histories*）一書中留有翔實的記載。不過，根據最近的考古學成果，顯示西元前九世紀至西元前八世紀時期內亞區域就已經逐漸散播共通的游牧文化，因此可以推論游牧王朝的起源可能位於更東方的蒙古高原西部或者內亞東部。

內亞東部之中，戈壁沙漠以南之南蒙古出現騎馬游牧民族社會，根據考古學的研究成果，大致出現於西元前七世紀以後，亦即中國春秋時代中後期。關於內亞東部的游牧勢力，中國文獻開始正式記載者為司馬遷的《史記》。根據《史記》，西元前三世紀，自中國戰國時代晚期至秦朝統一天下的這段時間裡，有東胡、匈奴、月氏三股游牧勢力鼎立。其間匈奴出現了英明的君主冒頓單于（前二〇九—前一七四年在位），他統合了國內的各部落，之後打敗東胡與月氏，歷史上首次統一了蒙古高原的草原地帶。匈奴勢力也擴張到南方的華北方面，利用秦朝滅亡後的混亂入侵中國本土，漢高祖劉邦（前二〇二—前一九五年在位）出兵征討平城被匈奴困於白登山即為知名歷史事件之一。此時漢朝只能向匈奴求和，大量納貢，結為兄弟關係並採取和親策略。之後漢武帝劉徹（前一四一—前八七年在位）發動對匈奴全面戰爭，雖然付出大量的犧牲卻成功逆轉形勢，南邊的漢朝取得了優勢。

匈奴從君主的單于到他手下的統治者階層、再一直到民眾為止，平時都過著游牧移動的生活，一旦發生戰爭立刻武裝化身為騎兵軍團。其軍事、政治、社會組織採取十、百、千、萬的十進位體系，單于坐鎮於中央，王族配置於左右（東、西）兩翼，任命二十四長擔任隸屬部落的領導者，其麾下依十進位法組成軍事組織，最後形成整個族群的聯合體。觀察所有這些制度即可發現都與之後的鮮卑、突厥、蒙古等游牧王朝共通，也可說早在匈奴的階段即已確立內亞游牧王朝統治體制的基本結構。

歐亞大陸東方史的南北結構

不可思議的是，西元前三世紀末匈奴與秦朝都在同一時期各自統一了蒙古高原及中國，形塑出游牧王朝與中國王朝兩種類型互異的基本政治型態，並於西元前二世紀以後呈現匈奴與漢兩大王朝南北對峙的結構。日後，包含蒙古高原在內的北方游牧王朝對峙以中國本土為據點的中國王朝形成歐亞大陸東方史的基本調性，具體而言可以舉出：六至九世紀的突厥、回紇對隋、唐；十至十二世紀的契丹對五代、北宋；十二世紀的金對南宋；十四到十六世紀的蒙古對明朝等。

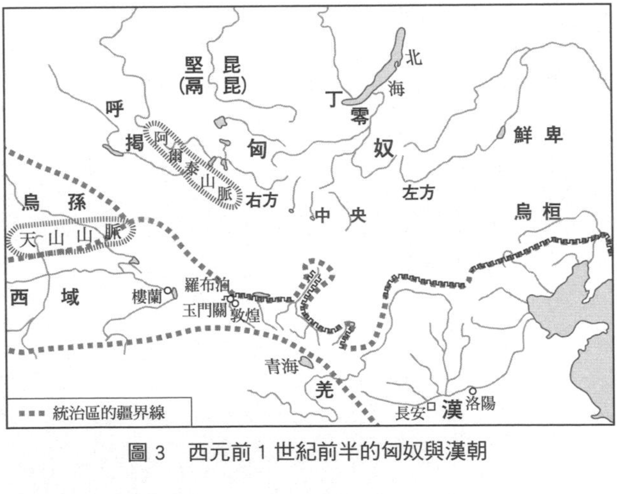

圖 3　西元前 1 世紀前半的匈奴與漢朝

雖說如此，但僅以游牧王朝與中國王朝的二元對立形勢，並無法說明歐亞大陸東方史。因為有如在反映前述蒙古高原與華北間的生態環境具有連續性一般，我們屢屢可見以北方游牧民族為核心的王朝藉著壓倒性的軍事力，穿越蒙古高原與橫跨華北的農耕、游牧交界地帶，南下壓制定居農耕民族，統治中國本土的事例。具體而言，有五世紀以降以鮮卑拓跋氏為核心的北魏，以至於隋、唐時代的一連串王朝（拓跋國家）；十世紀以突厥系沙陀集團為核心的五代諸王朝（後唐、後晉、後漢、後周）以至於北宋（初期）；十世紀的契丹（遼）；十二世紀的女真（金）；十三世紀的蒙古（大元大蒙古國）；十七世紀的滿洲（大清帝國）等，均以出自游牧集團的軍事力量為核心，不斷應自身王朝所需斟酌取捨漢代以來中國王朝的統治體制，統治部分或全部的中國本土。簡要而言，即中國本土的歷史上頻繁可見多樣化的民族集團，以及狩獵民族、游牧民族以軍事力量為基礎的王朝國家進行統治。

歐亞大陸東西方向的拓展

思考歐亞大陸東方史時，除了前述游牧民族與農耕民族形成的南北結構之外，東西方向的人、物、資訊移動也非常重要。歐亞大陸內陸的高聳山脈屬東西向延伸，因此在東西方向上沒有自然障礙阻礙交通。只有西方的烏拉山脈與東方的大興安嶺山脈例外，唯此二者皆非十分險峻，不足成為阻止人們移動的障壁。

如前所述，北緯四十五至五十度附近草原地帶（蒙古高原—哈薩克草原—南俄草原）東西連綿延長，自古騎馬游牧民族東西向移動容易。因為是草原地帶的通路，故也稱「草原絲綢之路」（Steppe Route）。同時，其南邊多為更乾燥的不毛之地，藉著山上流下的河水形成綠洲，星羅棋布於廣大的沙漠地帶且發展為綠洲城市或聚落，而自古連結綠洲的交通就十分發達。例如東突厥斯坦的塔里木盆地位於巨大的塔克拉瑪干沙漠中央，北邊天山山脈南麓與南邊崑崙山脈北麓散布的綠洲連結成交通網。這些河西走廊綠洲間串接起來的交通路線也連通至中國，日本一般稱為「綠洲絲綢之路」（Oasis Route）。除此之外，對歐亞大陸東方區域而言青海（安多地區）的山間通路及橫斷西藏高原南部的通路也是東西交通的重要道路。

應該注意的是，內亞內陸區域發達的交通讓中國絲綢運往西方，造就眾

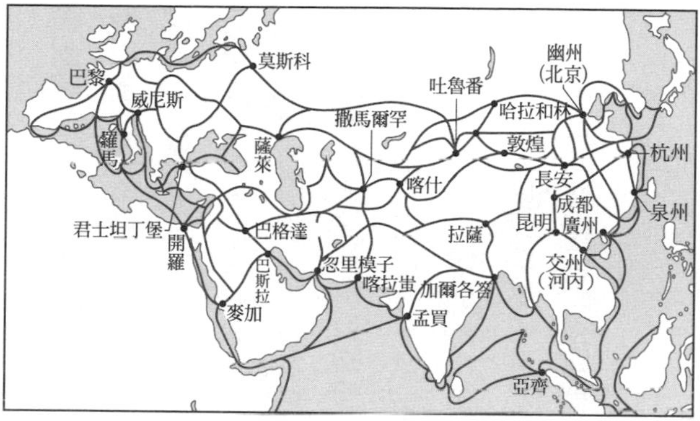

圖 4　絲綢之路的網絡概念圖

所皆知，亦即俗稱的「絲綢之路」，然而這個名稱卻太過強調於連結歐亞大陸東西方的側面，實際上內亞交通道路不僅連結東西，也包含了連接北方草原地帶及南方綠洲或者農耕地帶的功能。考量此點，近年已重新將絲綢之路認定為內亞連通東西南北的總體交通網絡。

此內亞的交通網絡與圍繞印度洋的海上交通路線並列，自古連結歐亞大陸各地，在歷史上一直擔任著要角。從短距離的日常用品交易到以奢侈品為主的中、長距離交易為止，存在各種活絡的貿易與人群移動，各種各樣的語言、宗教、思想、技術也藉此在歐亞大陸的廣大範圍中相互傳播。歐亞大陸東方的歷史留下深刻的文化擴散現象，可舉源自印度的佛教傳播、源於西亞的伊斯蘭教傳播等為例。

此外，歷史上反覆見到的大規模集團移動與王朝興兵的軍事行動、勢力擴張等現象大致都沿著此交通網推動，北方草原地帶自匈奴以降，誕生於內亞東部的強大游牧王朝或集團許多都沿著歐亞大草原地帶擴張或移居至天山以西。具體事例有突厥的向西擴張、契丹（西遼）西遷至突厥斯坦、蒙古空前絕後統合歐亞大陸等。同時，與草原地帶游牧王朝相互呼應，以中國本土為根據地的中國王朝也嘗試涉足東突厥斯坦的綠洲地帶。例如漢朝與唐朝對西域的經營，便都是著眼於對抗匈奴或突厥這些北方游牧王朝的戰略。

套用關注歐亞大陸東方這片廣大區域的歷史區域框架時，不僅可見北方游牧民族與南方定居農耕民族的交互作用，還可將前述歐亞大陸規模的東西交流置於視野之內，藉此得以處理歷史的巨大潮流。本書即使用此種寬廣的觀點，追溯四世紀至十四世紀歐亞大陸東方的歷史動向。

第一章
拓跋與突厥

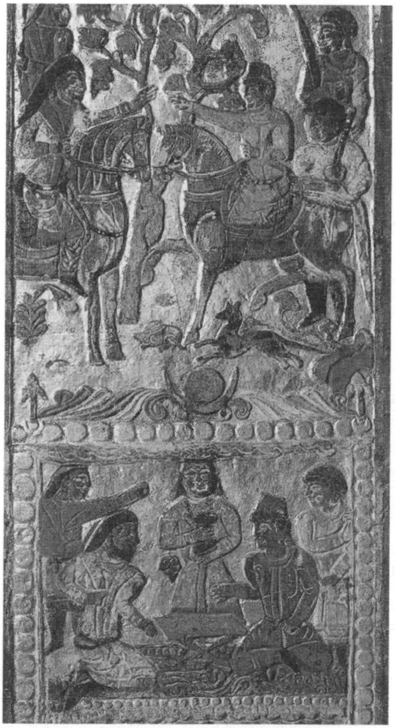

北周粟特人安伽墓（陝西省西安）出土
的石棺屏風上之浮雕（陝西歷史博物館）

一、鮮卑拓跋部與北魏

南匈奴與鮮卑

漢朝與匈奴在歐亞大陸東方的南北對峙結構，至西元前二世紀末後依然持續，然而在漢武帝時代與西漢進行過全面戰爭後，匈奴逐漸陷入衰退的狀態。西元前一世紀時匈奴在混亂中出現多位單于並立的情況，至西元一世紀又因天災引發內爭，隔著戈壁沙漠分裂為南北二部。再經過一段期間，北匈奴失去蹤影，同時南匈奴則臣屬於東漢。東漢政權承認山西到鄂爾多斯一帶為南匈奴部落集團的勢力範圍，之後南匈奴便於此繼續過著半農半牧的生活。

匈奴的身影自蒙古高原消失後，名為鮮卑的新興游牧王朝崛起。鮮卑的中心族群一般認為是在東方與匈奴並立的東胡族後裔，原本是生活於大興安嶺南部臣服於匈奴的游牧集團。西元二世紀中葉鮮卑出現了英主檀石槐，當他統一了自身部落集團後一口氣擴張勢力，統合了過往臣屬於匈奴的游牧民族，終於稱霸了蒙古高原的草原世界。只是，鮮卑的大一統在檀石槐死後旋即土崩瓦解，最終只維持了約二十年的暫時性統一局面。

之後以蒙古高原為中心的草原地帶陷入混亂，中國本土也在二世紀末東漢政權解體，從三國鼎立至西晉短暫統一為止，呈現亂世局面。如此一來，三世紀至四世紀，歐亞大陸東方無論南北，都迎來民族劇烈流動的時代。

華北諸游牧勢力的割據

推動這股民族流動的原動力，在於草原地帶游牧民族頻繁往華北一帶遷徙。從東漢統治中國的一世紀往後兩百多年間，不僅匈奴，如鮮卑、烏桓、氐、羌、丁零等各種游牧勢力紛紛移向華北內部。結果，三世紀後半西晉統一中國時的華北已可普遍見到被稱為「胡」（野蠻人）的游牧集團與漢人混居的狀況。

四世紀初西晉政權崩壞之際，原臣屬東漢、居住於華北的南匈奴集團領袖劉淵，終於以「漢」為國號建立了匈奴王朝。之後各支游牧集團紛紛在華北各地樹立政權，進入相互爭鬥的亂世。一般的中國史把這個時代匈奴系統的匈奴、羯、鮮卑，西藏系統的氐、羌冠以「五胡」之名，稱為「五胡十六國時代」。之所以將同屬匈奴的羯特意分出以五胡稱之，可能帶有易讀易記的意味。

北魏統一華北

四世紀領導結束華北混亂局勢的，是由鮮卑拓跋氏所建立的北魏政權。二世紀後半檀石槐過世後，原屬鮮卑族的諸集團四散南遷，進入三世紀後，鮮卑各集團在中國文獻中以「部」為單位稱之，展開自身的活躍發展。從今日遼寧省西部延伸至內蒙古自治區一代有宇文部、慕容部、段部、拓跋部、乞伏部等鮮卑集團的勢力，其中聲勢最大的是慕容部與拓跋部。慕容部以遼寧省西部為核心，勢力一直延伸到華北，四世紀前半取戰國七雄之一的「燕」為國號建國，強盛時甚至讓高句麗從屬於己。

另方面拓跋部於三世紀中葉以陰山山脈南側的盛樂（內蒙古自治區和林格爾）為根據地興起，四世紀前半建立「代」國。代國於四世紀後半曾一度滅亡，而後拓跋珪復國並改國號為「魏」，西元三九八年定都平城（山西省大同）並即位稱帝，是為北魏道武帝（三九八—四〇九年在位）。之後明元帝（四〇九—四二三年在位）與太武帝（四二三—四五二年在位）的治世穩健擴大版圖，四三九年滅河西的北涼統一了華北。所謂的「五胡十六國」時代至此終焉。

游牧王朝的北魏

北魏首都平城位於大同盆地，正處農耕、游牧交界地帶。平城時代的北魏以鮮卑拓跋部的游牧集團為核心，國內亦包含以漢人為主的定居農耕居民。北魏對游牧民族採部落制，農耕居民採郡縣制，使用胡漢分治的雙重統治制度。

近年的研究進展更清楚顯示，北魏政權中樞的游牧王朝特徵遠超出過往預期。近年不斷有石刻史料出土，根據這些資料逐漸得知，六世紀中葉北齊政權下的魏收編纂《魏書》時，極有可能刻意地刪減了部分相關紀錄，略去有關北魏源於鮮卑的習俗與制度。

刪除部分具體而言為何？首先說明關於君主稱號的史料部分。一九八〇年於內蒙古自治區東北部的鄂倫春自治旗的嘎仙洞洞窟岩壁上，發現雕刻著太武帝於鮮卑拓跋部故地祭祀祖先神明時所用的漢文祝文。祝文中對祖先的稱號使用了異於《魏書》的「皇帝」，以「可寒」、「可敦」等鮮卑語來稱呼君主及皇后。由此明確得知，稱呼北魏君主時除了「皇帝」之外，也使用「可寒」(一般寫為「可汗」)的稱號。

同時期活動於北蒙古的游牧王朝柔然亦同樣採用這樣的稱號，之後由突厥承續，甚至蒙古帝國君主稱號使用的「可汗」、「汗」也源於此處。此稱謂被內亞游牧王朝廣泛採用當作君主的稱號。

北魏皇帝仍維持游牧民族的風俗，並非一直居住在首都平城。秋天至春天生活於平城，夏季則行幸西方的陰山或鄂爾多斯，每年反覆這種季節性移動。夏日行幸的處所位於陰山山脈南麓一帶，當時森林草原廣布，生態環境豐富，是適合狩獵與游牧之地。因此之前的匈奴與之後的突厥都在此設立據點，此區域對游牧民族的政權、勢力而言一直非常重要。與這種夏季行幸或巡狩習慣相關的還有另一處地點，那就是在首都平城北側設置稱為鹿苑的皇帝專用牧場兼獵場。根據近年的研究，皇帝巡狩之際會收取從屬游牧集團進貢的家畜（牛、馬、羊等），除了用來賞賜臣子外，也把牛隻投入開發平城一帶農地。鹿苑正是游牧與農耕兩種不同營生方式交會的象徵性空間。

自匈奴以來，游牧民族的傳統也根深柢固地影響著北魏的祭祀儀式。每年夏天皇帝親自在平城西郊西向祭天，祭天儀式中讓馬匹圍繞著祭壇周圍奔走。即便從四世紀末引入中國王朝儒家式的南郊郊祀，亦即在首都南郊築圓丘並於冬至與正月舉行祭天典禮，從鮮卑習俗中承繼的儀禮仍維持不墜，一直到後文將提及的孝文帝實施漢化政策廢除游牧習俗為止，游牧民族的傳統祭禮均獲重視與維持。

此外，當北魏一朝消滅於河西走廊涼州（甘肅省武威）一帶的北涼政權後，在出身涼州的高僧曇曜主導下，於文成帝（四五二—四六五年在位）時代開鑿營建了平城郊外的雲岡石窟，推動崇佛政策。源自印度經中亞傳來中國的佛教，在四世紀以後的五胡十六國時代流傳，並從北魏時代起正式由朝廷加以保護。從南北朝至隋、唐時代，滲透入中國社會各個層面的佛教信仰獲得進一步擴張，傳播到包含日本在內的東亞地區，這也對形塑各地基層文化起到了相當重大的影響。

北魏的統治者集團

北魏的官僚組織也大量保留了代國以來鮮卑特有的制度。根據南朝的紀錄（《南齊書．魏虜傳》）與新出土的碑刻〈文成帝南巡碑〉等記載，北魏朝廷中樞存在被稱為內朝官的皇帝親信集團，幾乎全數皆為鮮卑人，且內朝官居高位者也擔任與國政密切相關的政府重要職位。內朝官中的武官雖設職擔任皇帝身邊護衛或者負責照料皇帝衣食，不過他們也作為皇帝的親信被派往各部門，一旦發生戰爭亦從事戰鬥任務。北魏的內朝官與日後蒙古帝國的君主親信集團怯薛歹（qišigten，參見第五章）非常相似，作為游牧王朝官僚組織的原型具有重要的意義。

此外，在北魏版圖擴大的過程中也將征服的各國、各集團族群重新整編，且強制移居到國都平城周邊或邊境的特定區域，稱為「徙民」。透過這個做法，北魏王族與資深部落集團擔任自代國開國以來舊有的統治集團，再加上新征服與強制遷居部落形成八部制。此項部落制度據信一直存續到遷都洛陽實施漢化政策的五世紀後半孝文帝時代。此一以北魏王族為中心的部落集團共享著居住平城周邊「代」地區身為「代人」的認同感，形成可稱之為代人集團的北魏統治者集團。即便使用國號「魏」之後，他們仍舊同時使用「大代」國號，「代人」意識一直持續到北魏分裂為東西二部為止。

爆發六鎮之亂

北魏有一位可說具不共戴天之仇的強大敵手，那就是柔然（北魏將其蔑稱為「蠕蠕」）。柔然原本是一支弱小的部落，在族長社崘（？—四一〇年）出現後，柔然拒絕從屬亟欲復興代國的道武帝，改奔戈壁之北（漠北）。五世紀初柔然集結蒙古草原北方的游牧集團，成功統一了蒙古高

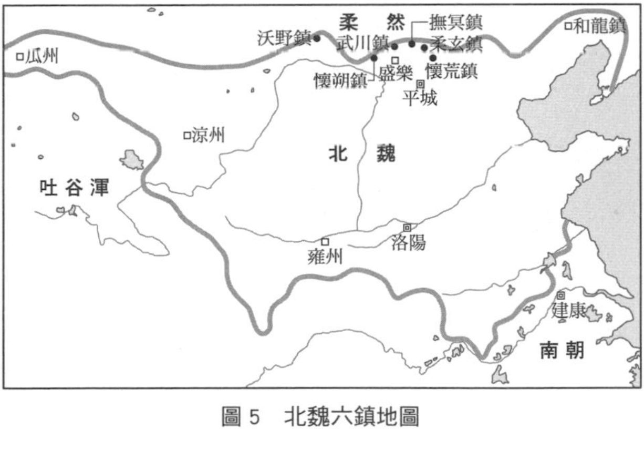

圖 5　北魏六鎮地圖

原的草原地帶並與北魏嚴重對立。四二九年北魏太武帝毅然發動遠征襲擊柔然的根據地。柔然雖然因此弱化，但之後依舊維持與北魏的南北對峙局面。

北魏為了防止蒙古草原北方的柔然進犯，於戈壁南側的陰山山脈南麓設置軍鎮，並以主要的六個軍鎮（沃野、懷朔、武川、撫冥、柔玄、懷荒）稱之為六鎮。軍鎮主要是包含高車在內投降於北魏的突厥游牧部落集團，北魏除了對六鎮賦予免除徭役的特權，許多人還以軍功獲得拔擢，北魏政權對其非常重視。然而，五世紀末柔然衰弱之際，孝文帝（四七一—四九九年在位）推進漢化政策遷都洛陽，政權中心南移後，六鎮降格成偏遠的邊境之地，當地部落社會陷入存亡的危機中。結果累積鬱憤的六鎮人民於五二四年對北魏舉起反抗旗幟，作為叛亂勢力南下使華北陷入莫大混亂，史上稱為「六鎮之亂」。六年後六鎮之亂才被鎮壓，但北魏政權內部也發生內爭，最終在五三五年分裂為東西二部。

「拓跋國家」的系譜

六鎮之亂為日後歐亞大陸東方的歷史帶來龐大的影響。以叛亂為契機，六鎮中出現許多新興軍事勢力，日後接連建立北齊、北周、隋、唐等王朝，推動了整個歷史的進程。

首先，出身懷朔鎮的軍人高歡（四九六—五四七年），在發生六鎮之亂後趁亂掌握北魏朝廷實權，成為東魏實際上的建國者並遷都於鄴（河北省邯鄲），他死後高氏一族建立北齊。另方面出身武川鎮的匈奴族軍人宇文泰（五〇七—五五六年）以西方的長安為據點，成為西魏實際上的建國者，之後宇文氏建立了北周。日後建立隋朝的楊氏與建立唐朝的李氏皆出身武川鎮，他們同時也是在長安參與西魏建國的主要成員。

之後歷經北齊與北周的東西對峙，五七七年北周統一華北，隋又代北周而立，並於西元五八九年征服南朝統一中國。接著於隋末動盪中李淵一族脫穎而出，並於七世紀前半建立唐朝。

唐朝開國者李淵（唐高祖，六一八—六二六年在位）的祖先來自鮮卑族，原本使用胡姓大野氏，北魏時代為生活於武川鎮一帶的游牧民。在建立唐朝後詐稱漢人名門望族隴西李氏，隱去自己北方游牧民的出身，藉此宣揚自身乃是中華的正統統治者。建立隋朝的楊氏也與李氏有類似的出身。

北魏因六鎮之亂分裂成東、西魏，之後誕生的北齊、北周、隋、唐，若著眼於構成王朝中樞的軍團自何出身與勢力如何抬頭，無論他們出身鮮卑或突厥，共通之處在於皆來自六鎮集團並以騎馬游牧民族為軍事主力、定都於華北、採用漢代以來中國王朝的制度。近年來史學界研究重點以在北魏鮮卑拓跋部底下聚集的游牧部落集團為根源，爬梳自北魏至上述各王朝一連串的王朝國家關聯，提出了稱為「拓跋國家」的見解。實際上根據後文將提及的、八世紀前半游牧王朝的突厥第二汗國寫下的突厥碑文得知，古代突厥語將唐朝稱之為拓跋，由於發音訛傳讀成Tabγa〔Tabgach，漢音稱「桃花石」〕，由此可知，在草原游牧民的認知中是把唐朝視為「拓跋」的。

二、唐朝與突厥的興亡

突厥第一汗國的興起

北魏攻擊柔然之後，內亞呈現多極化的局面。西元五世紀末柔然衰弱之際，突厥的一支游牧民高車興起，於阿爾泰、天山區域形成勢力圈，經六世紀中葉與西突厥斯坦的嚈噠[1]在內亞形成三國並立的狀態。改變這種狀況，將內亞以前所未有規模統合者，即是突厥（Türk）。突厥原本是活動於阿爾泰山脈一帶的游牧民族集團，其中阿史那一族臣屬於柔然，負責提供鐵器。其族長土門於五五二年攻滅柔然，稱伊利可汗（五五二—五五三年在位），突厥可汗國（突厥第一汗國）自此誕生。

第三代的木杆可汗（伊利可汗之子，五五三—五七二年在位）時代，發展為東起大興安嶺、西抵裏海北岸，南至塔里木盆地各綠洲城市的大帝國。突厥可汗國還與波斯第二帝國的薩珊王朝（Sassanid Empire）聯合夾擊嚈噠並滅之，將粟特（Sogdiana，即西突厥斯坦）的綠洲城市納入勢力範圍內。突厥以可汗輩出的阿史那氏與姻親阿史德氏為核心，包含諸突厥系部落，並在擴大過程中也吸收非突厥系的各部落，形成了部落聯合國家。

1 嚈噠，Hephthalite。《魏書》作「嚈噠」，《隋書》作「挹怛」，《新唐書》作「挹闐」。五至六世紀內亞的游牧國家，稱「嚈噠帝國」。

急遽擴大的突厥版圖已無法靠一位可汗統治，木杆可汗以蒙古草原北方的杭愛山脈（Khangai mountains）於都斤（Ötüken）為根據地，而阿爾泰山脈以西部分則由伊利可汗之弟室點蜜可汗（？—五七六年〔？〕），東羅馬史料稱Dizaboulos）以天山的巴音布魯克（Bayanbulak）草原為據點獨立統治，突厥至此分為東西二部。西突厥在突厥語中也被稱為「十箭」（on-oq），意為由十支部落集團組成的部落聯合體。

東突厥與中國

蒙古高原出現突厥這個強大的游牧王朝，也給鄰接的華北局勢帶來重大的影響。適逢華北的北魏因六鎮之亂分裂為二，北齊與北周處於東西對峙的狀態，為占據優勢兩國皆想爭取位於蒙古高原的東突厥成為友方，因此爭相進貢，實際上成為了東突厥的屬國。

東突厥的優勢因內亂及取北周而代之的隋朝統一中國而消逝。東突厥的啟民可汗南遷，以蒙古草原南方為據點並臣屬於隋朝，然而煬帝（六〇四—六一八年在位）因遠征高句麗失敗導致隋朝土崩瓦解，混亂之中華北陷入群雄割據的局面，東突厥藉機再度恢復強盛。華北群雄互爭之際亦對突厥稱臣。他們從突厥的可汗處獲得可汗稱號，這意味著他們成為小可汗並服膺於突厥的大可汗。從太原起兵並於六一八年在長安建國，國號為唐的李淵，當初也曾是臣服於突厥的小可汗。

之後唐在李淵之子李世民的耀眼表現中力壓群雄，西元六二六年李世民發動被稱為「玄武門之變」的政變，剷除以太子李建成為中心的反李世民派並掌握實權，不久後即皇帝位，是為唐太宗（六二六—六四九年在位）。

同時期東突厥因北蒙古草原突厥的鐵勒各族發動叛亂，加上寒害而陷入危機。因太宗即位而盛極一時的唐朝趁東突厥混亂施加攻擊，陷於困境的頡利可汗（六二〇—六三〇年在位）於六三〇年遭唐朝遠征軍俘虜，至此東突厥滅亡。為了與日後復興的突厥加以區別，本書稱至此為止的突厥王國為「突厥第一汗國」。

唐朝在歐亞大陸東方的霸權

唐朝在滅了東突厥後，對蒙古高原的突厥一族游牧集團採取懷柔政策，並將東突厥的中樞集團納入唐朝的統治。此時臣屬唐朝的突厥游牧集團族長們對太宗李世民獻上「天可汗」，即突厥語「Tengri Khan」的稱號。唐朝皇帝自此以拓跋（Tabγač，桃花石）的可汗身分君臨草原世界諸游牧集團。東突厥滅亡造成突厥游牧遺民以數十萬為單位遷居到戈壁以南，他們維持游牧集團的部落組織，族長等領導者則被任命為唐朝設置的都督府、羈縻州之都督或刺史，進入了唐朝間接管理的羈縻（所謂的「羈縻」一詞在中文帶有「籠絡〔牛馬等〕」意味）統治系統中。[2]此外，日後還設置了雲中（後改稱單于）都護府，專責統轄突厥遺民的羈縻府州。

唐朝滅了東突厥後，首次統合了蒙古草原南部與華北。又因透過羈縻統治吸收突厥游牧民軍事力量，讓唐朝面對周邊游牧勢力時能位居優勢，之後的四十年一直是唐朝對外擴張的時期。

至於戈壁以北的蒙古草原北部，唐朝於西元六四六年擊敗鐵勒諸部之一的薛延陀，成功收服鐵勒諸部的游牧集團，設置六個羈縻府、七個羈縻州管轄，其上設立燕然（後改稱瀚海、安北）都護府管理之，把遠在戈壁以北的突厥游牧集團也納入羈縻統治體系下。

唐朝的西域經營及突厥游牧軍團的軍事力量

唐朝的勢力範圍逐漸往西方擴大。六三四年遠征繁榮於西藏高原北部的青海（安多地區）游牧王朝吐谷渾，翌年使其臣服。六四〇年滅吐魯番綠洲國家高昌國，此後接連進軍塔里木盆地的綠洲城市，並駐軍於安西四鎮（焉耆〔Karasahr〕、龜茲〔Kucha〕、疏勒〔Kashgar〕、于闐〔Khotan〕）。

唐朝為了穩定西域統治，控制以天山山脈為據點的西突厥成為最關鍵核心。西元六四八年唐朝將西突厥置於羈縻統治下，然而持續期間並不長久，三年後以西突厥為主形成突厥各族反唐聯盟，使唐朝的西域經營暫時受挫。之後太宗之子高宗李治（六四九—六八三年在位）一朝共派遣三次規模達數十萬的西突厥遠征軍，花費大約六年時間，終於在六五七年擊敗西突厥。

此結果讓唐朝的統治遠達天山北側，安西都護府由過往的西州（吐魯番）遷至龜茲，帕米爾以西亦設置都護府將該地游牧集團納入羈縻統治。如此一

2《史記・司馬相如傳・索隱》：「羈，馬絡頭也；縻，牛靷也」，引申為籠絡控制。

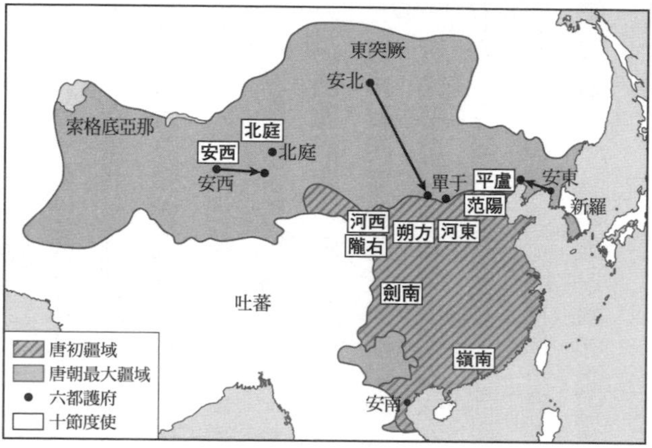

圖 6　唐朝最大疆域及都護府、節度使

來，唐朝的羈縻統治廣及西域的龐大範圍。

到了六六八年，位於東方、曾讓隋煬帝與唐太宗備感棘手的高句麗，也在唐與新羅聯手下滅亡。至此，即便持續時間不長，七世紀後半的唐朝打造出涵蓋大部分歐亞大陸東方土地的最大疆域版圖。

在上述唐朝對外擴張中，負擔重要角色的，是稱為「行軍」的遠征軍。唐朝的軍制承襲西魏以來的府兵制，在此基礎上規定常備軍負責首都警備與邊境防衛。然而，為了編制能長距離移動且能實際作戰的遠征軍「行軍」，僅靠既存的府兵徵兵終究不足應付。為此，除了在國內各州募兵外，也徵集羈縻都督府、州內富於戰鬥力的游牧集團「蕃兵」以組織「行軍」，再由中央任命的行軍大總管統帥。特別是被納入羈縻統治下，以突厥遺民為主的突厥游牧集團領袖成為「蕃將」，統御自身游牧集團的士兵（蕃兵）參加行軍，在作戰中大展所長。簡要而言，正因為包含突厥遺民在內的突厥游牧民族騎兵軍團擁有強大軍事力量，唐朝才得以在歐亞大陸東方實現霸權。

突厥的復興

唐朝進行羈縻統治近半世紀，來到七世紀後半時，突厥遺民間逐漸出現以獨立為目標的舉動。六七九年，陰山南麓的突厥游牧集團擁立東突厥王族為可汗並叛唐。唐朝雖遣大軍並鎮壓成功，但突厥遺民尋求獨立的意志相當堅定。六八二年東突厥王族骨咄祿被擁立，使用頡跌利施可汗（六八二—六九一年在位）稱號，實現了突厥的復國大計。復國後的突厥稱「突厥第二汗國」。

興起於陰山山脈地區的頡跌利施可汗，北上橫越戈壁沙漠，攻擊蒙古草原北部的鐵勒諸部（九姓鐵勒，Toquz-Oγuz），重新奪回突厥故土於都斤山。以此處為根據地的頡跌利施可汗任命兩個弟弟擔任設（Šad）、葉護（Yabghu）官職，將其封建於東西兩側，形成游牧王朝傳統的中央加兩翼之三分體制。唐朝對突厥及鐵勒的羈縻統治至此崩毀。

圖 7　闕特勤碑

頡跌利施可汗死後，其弟默啜以遷善可汗（Qapaγan qaγan，六九一—七一六年在位）稱號即位，在中國史上唯一一位女皇帝武則天（則天武后，六九〇—七〇五年在位）即位後，默啜頻繁進攻華北地區，此外也派遣遠征軍征討西方的天山、阿爾泰山脈地區。接著頡跌利施可汗之子毘伽可汗（Bilgä qaγan，七一六—七三四年在位）即位，他對玄宗李隆基（七一二—七五六年在位）治下的唐朝採取和睦策略，使絹馬互市，讓中國本土的絲絹與蒙古高原的馬匹交易相當興盛。如此一來，八世紀前半的歐亞大陸東方遂產生了唐朝與突厥南北對峙、共存的局面。

毘伽可汗時代特別值得一提的是，使用了表記古突厥語的古突厥文刻石製作突厥碑文。最著名的碑文之一，可舉七三二年立碑的闕特勤碑文為例。此碑乃身為重臣的毘伽可汗之弟闕特勤過世後，為了對其加以悼念而由唐玄宗致贈。玄宗皇帝御筆撰述中文銘文刻於石碑正面，石碑側面及背面則刻有突厥文。此宛如象徵唐與突厥友好關係的紀念碑，中文與突厥文內容卻有所不同，突厥文訴說的是突厥復國的輝煌歷史以及闕特勤的偉大功績。突厥碑文無論作為研究古突厥語的語言資料，或者作為述說突厥人自身歷史的史料，都具有非常重大的意義。內亞游牧民族在歷史上首次使用表達自身語言的文字寫下文字資料，在這層意義上，這些石碑是值得大書特書的史料群。

突厥第二汗國的繁榮並未持久，毘伽可汗去世後國勢急速衰退，在被拔悉密、葛邏祿、回紇三族聯軍擊敗後，七四四年回紇君主懷仁可汗即位（七四四—七四七年在位）。懷仁可汗將突厥併入九姓鐵勒的聯合部落，最終突厥第二汗國便在七四四年滅亡。

三、安史之亂的動盪

粟特人於歐亞大陸東方的活動

突厥第二汗國滅亡後大約經過十載，時間來到七五五年。此年唐朝也發生一場大動亂，帝國陷入了危急存亡之秋，這就是所謂的「安史之亂」。發動安史之亂的安祿山係從突厥第二汗國亡命至唐朝的粟特人，唐朝任命他擔任范陽節度使，負責鎮守唐朝的東北邊境。要探討安史之亂的歷史背景，首先得從粟特人談起。

在中亞的河中地區（阿姆河與錫爾河之間的區域）以澤拉夫尚河為中心，由帕米爾高原向西流淌的諸河流域散布著許多綠洲城市。所謂的粟特人，就是出身這些綠洲城市的伊朗種族居民。此區域自西元前六世紀左右起便有發達的灌溉農業，包括撒馬爾罕（Samarkand）、布哈拉（Bukhara）等綠洲城市發展繁榮，因其為粟特人之地，所以通稱「索格底亞那」（Sogdiana）。

索格底亞那自西元前四世紀後半亞歷山大東征起，受過波斯薩珊王朝、嚈噠帝國、西突厥等外來者的間接統治，但各綠洲城市間仍結成鬆散的聯合體保持著政治上的獨立，產生出獨自的語言、習俗與文化。當綠洲形成以農耕為基礎的社會後，粟特人便逐漸向外移動，以商人的身分往來於歐亞大陸東西。特別是西元三世紀後他們在歐亞大陸東方更加活躍，從五世紀到六世紀，歐亞大陸東方的許多地方皆出現大小不一的粟特人居留地，形成了由索格底亞那延伸至東方居留地的粟特人交易網絡。

各粟特人居留地的領袖稱為「薩保」或「薩寶」，原本粟特語的意思是「商隊的領隊」。這樣的稱呼也充分體現粟特人以貿易商身分拓展居留地的歷史經緯。粟特人除維持自身的語言，普遍也應需求而能操多種語言。此外，即便他們遠道前來東方，但仍有許多人信奉瑣羅亞斯德教或摩尼教等源自伊朗的宗教，不過信仰佛教者也不在少數。

此外還有廣為人知的一點，即終於來到中國的粟特人自北朝的五世紀後半以降，也配合中國習俗以出身地為別選擇冠上既有的漢族姓氏。例如出身布哈拉者冠「安」姓、出身史國者冠「史」姓、出身撒馬爾罕者冠「康」

姓、出身塔什干者冠「石」姓等。這些粟特人特有的姓氏也被稱為「昭武九姓」。

因為粟特人繁盛的貿易活動，特別是在六世紀到八世紀拓跋國家（北朝—隋、唐）統治下的中國本土，非常流行粟特人自西方攜來的物產與風俗。加上前述突厥游牧民族大量遷徙的緣故，唐代的中國成為西方、北方外來文化奔流湧入的時代。

粟特族突厥的動向

粟特人並非僅以商人身分活躍。他們透過長距離貿易，建立情報網並握有豐富的知識，除此之外，自身集團擁有軍事力量者也不在少數。因此，無論是蒙古高原上的柔然或突厥等游牧王朝，抑或中國本土的拓跋國家，都屢屢在政治、外交、軍事方面重用粟特人。

在突厥內有許多粟特人在政權中樞擔任智庫的重要職務。在突厥尚無文字之初，為了商業貿易，很早就透過粟特人大量使用源自西亞亞蘭字母（Aramaic alphabet）的粟特文字進行書記，在行政上粟特人是不可或缺的要角。前文提及的誕生於突厥第二汗國的突厥文字，咸認受到粟特文字的影響。最終許多粟特人開始定居蒙古高原的草原地帶，習慣了游牧的生活風俗，本身也成了游牧民。

在突厥第一汗國的東突厥內也有粟特人，其中一部分於六三〇年東突厥滅亡後，隨著前述的突厥遺民遷徙至唐朝北境，也有不少人接受了唐朝的羈縻統治。之後當突厥復國氣焰正盛之際，六七九年唐朝於鄂爾多斯南側設置了名為六胡州的六個羈縻州，企圖強化對突厥遺民的重編與管理。居住於六胡州的突厥遺民被稱為六州胡，這些人似乎全都是粟特人。追溯起來，他們原本都是在東突厥的粟特人，是吸收了騎馬游牧民族的文化風俗後「突厥化」了的人們。同時他們也冠著昭武九姓，在粟特人之間保持通婚關係，依舊保持著粟特人的認同。最近有學者提倡將這些突厥化的粟特人稱為「粟特族突厥」，此稱呼也逐漸被學界所接受。

之後，突厥第二汗國成立，包含突厥遺民在內的一部分粟特族突厥也參與其中，返回了蒙古草原北部。與此相對，大部分滯留六胡州的人並未加入突厥第二汗國，仍舊留在唐朝。換言之，七世紀後半突厥復國的時間點上，粟特族突厥也分裂成臣屬唐與突厥的南北二部。

發動安史之亂的安祿山（七〇三？—七五七年）係返回蒙古高原的粟特族突厥人之子，出生於八世紀初。安祿山父親早亡，出身突厥望族阿史德氏的母親與出身布哈拉的粟特軍人首領再婚，他也冠上了「安」這個姓氏。

日後安祿山與親戚脫離突厥亡命唐朝，開始在河北一帶活動，安祿山不僅會粟特語，還通曉突厥語、漢語、契丹語、奚語等多種語言，他善用此一長處任職「諸蕃互市牙郎」，負責貿易仲介相關職務。其後投幽州（北京市）節度使帳下，以軍人身分嶄露頭角，七四二年被提拔為位於營州（遼寧省朝陽）的平盧節度使。

節度使與唐朝的邊境防衛體制

安祿山受任命的節度使，乃唐朝負責邊境防衛的官職。此處在設置節度使的背景上，先探討七世紀後半以降唐朝邊境防衛體制的變遷。

如前所述，唐太宗、高宗時代幾乎連年派遣遠征軍（行軍），使基於羈縻統治的唐朝版圖擴展到最大規模。日後這些原本為了遠征而編制的「行軍」

改為常駐各地，成為喚作「軍鎮」的駐守部隊。在突厥獨立運動盛行之際，唐朝也在邊境各地廣設軍鎮。根據七四〇年的統計，唐朝軍鎮數量達到將近六十個，一個軍鎮平均駐軍約一萬人，因此推估總兵力數量達到約六十萬人的程度。

七一〇年以降，數個軍鎮之上又設立統御的司令官，此即為節度使，總計設有十處：河西、安西、北庭、朔方、河東、范陽、平盧、隴右、劍南、嶺南等（僅嶺南設經略使），藉此守護唐朝西、北與東北邊境〔參見圖6〕。節度使為「藩屏」邊境的軍鎮，因此又稱「藩鎮」。如此，東北邊境的范陽、平盧兩節度使負責防衛奚國、契丹；北境的朔方、河東兩節度使負責防衛突厥、西北邊境的河西、隴右兩節度使負責防衛西藏，各司其事，完備了唐朝新的邊境防衛體制。此外，原本駐紮軍鎮的士兵乃徵用羈縻州的蕃兵，有服役年限，但此後則出現被稱為「長征健兒」的終身職業軍人。隨著王朝統治體制的轉換，唐朝的軍制最終於西元八世紀前半全面轉換成募兵制。

安祿山軍團的形成

西元七四四年，安祿山兼任范陽節度使，據點遷至幽州。十一年後安祿山發起了幾乎顛覆唐朝的大動亂，那麼在這段期間他是如何積蓄自己的力量？當他成為范陽節度使之際，幽州設置了羈縻州以安置前來歸順唐朝的奚、契丹、靺鞨、突厥等非漢人部落集團。奚與契丹為分布於大興安嶺南麓一帶與現今內蒙古自治區東南部的游牧民，靺鞨為滿洲通古斯族狩獵民諸部落的總稱。這些羈縻州原本設置在唐朝的東北經營據點營州，但因六九六年契丹叛亂而南遷。叛亂遭鎮壓後營州仍在契丹的統治下，故從八世紀初起將羈縻州改由幽州統轄。此外，趁契丹叛亂的機會，靺鞨人的部落領袖大祚榮聯合高句麗遺民於滿洲東部的渤海建國，此容後述（第四章）。

八世紀前半，幽州城四周因設置了羈縻州，成為各式各樣騎馬游牧民族散居之地，這也帶來農耕民族與游牧民族鄰接生活的狀況。安祿山透過與奚、契丹等羈縻州領導階層通婚，締結擬制式父子關係，藉此將羈縻州部落集團納入自己管控下。加上七四〇年代因突厥第二汗國發生政變，突厥統治階層大舉亡命唐朝，唐朝也接受了包含粟特族突厥與同羅（突厥游牧民鐵勒中的一支）在內的逃亡者，並設置了新的羈縻州，但安祿山則將這些人吸收至自己的軍團中。如此一來，安祿山利用契丹及突厥等之混亂狀況，為自己打造出多種族混編的強大軍事集團。

隨著安祿山勢力越發強大，幽州作為邊境軍事城也獲得長足的發展，成為了農耕、游牧交界地帶的據點城市。大量非漢族人在羈縻州經營畜牧，除此之外軍鎮中還有許多職業軍人，為了養活軍隊就需要資金與物資，這也必然導致商業交易的發達，而在其中鑽營的，正是粟特商人。幽州的粟特商人組織同業商行，經營倉庫業、運輸業兼旅店，這種倉庫兼旅館的設施稱之為「邸店」。

安祿山對粟特商人而言宛如頭目般，他透過廣布於華北的粟特人網絡籌措、販賣商品以攫取暴利。深受玄宗皇帝寵愛的安祿山，除了從朝廷獲得大量賞賜，同時還透過交易賺取利益，籌得了足以維持強大軍事集團的充足資金。

安史之亂爆發

七五五年十一月，為了對付自己的政敵宰相楊國忠，安祿山以討伐逆賊楊國忠為名舉兵。核心部隊是與他結有義父子關係，宣示絕對忠誠的八千人親衛軍精銳士兵，加上包含突厥、粟特（含粟特族突厥）、奚、契丹、靺鞨、室韋、漢人等多民族超過十萬人的大部隊，從華北平原一口氣南下，輕鬆攻陷洛陽。翌年正月安祿山在洛陽宣布即位稱帝，國號大燕。半年後於潼關擊潰來襲的唐軍，朝廷震動，事態嚴重到玄宗棄長安逃遁四川，同時逃往西北靈武（寧夏回族自治區靈武）的太子李亨則於靈武登基（唐肅宗，七五六—七六二年在位）。

安祿山雖然追擊唐軍，但此時因宿疾復發，精神狀態欠佳，西元七五七年正月被兒子安慶緒所殺。此時安祿山軍隊發生內亂，粟特族突厥人史思明（七〇三—七六一年）自立，撤往幽州。於靈武即位的肅宗獲朔方、河西、隴右節度使郭子儀率軍馳援，接著又獲得蒙古草原北部新興游牧王朝回紇的援軍，同年成功奪回長安與洛陽。七五九年史思明殺了安慶緒自立稱帝，翌年再度攻入

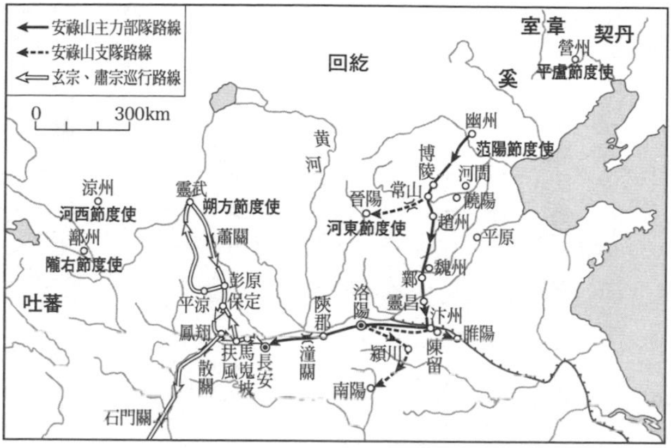

圖 8　安史之亂地圖

洛陽。然而史思明也被其子史朝義所殺，之後安史軍勢力因內亂不斷而解體。同時唐朝再度獲得回紇援軍，重新奪回洛陽。七六三年窮途末路的史朝義自殺，首級被送往長安。長期動亂的安史之亂至此終於平定。

平定安史之亂時，唐朝倚仗的主力部隊為河西、隴右、朔方節度使轄下軍鎮所屬軍團，此三個節度使沿河西走廊往隴右、鄂爾多斯配置，負責防衛唐朝西北邊疆，核心為突厥族的游牧集團。其中包含過往在蒙古草原北部受唐朝羈縻統治，但因旱災加上受突厥第二汗國壓迫而南下的部落，以及逃離西突厥統治歸順唐朝的部落等。他們從歸順唐朝伊始，便維持游牧民族的部落集團被編入節度使轄下的軍鎮。如前所述，安史軍團也是以范陽、平盧節度使轄下的軍團為核心，再加上河東節度使的軍團。換言之，這些節度使都有一個共通點，即軍團皆以突厥等游牧部落集團為核心所組成之多民族混成部隊。從這個觀點來看也可以如此說明：所謂的安史之亂，乃是唐朝守衛北疆、相似度非常高的節度使軍隊，依敵我分為東西兩側互相對抗的一場大戰。

唐朝與藩鎮

安史之亂為之後的歐亞大陸東方史帶來非常重大的影響。首先，唐朝在動亂中陷入幾乎滅亡的危機中，但終究保住一絲命脈。即便如此，唐朝也失去了往日的強盛，丟失了隴山以西的西域領土，疆域縮小到中國本土範圍。同時唐朝國內在鎮壓叛亂的過程中也在非邊境的內地設置節度使，且平亂之後依舊保持，並未撤除。雖說是平叛，但安史之亂的平定並非以消滅叛亂勢力的方式完成，而是原本服從安祿山與史思明的將領們投降唐朝才得以結束。作為一種懷柔政策，唐朝不得不任命他們擔任節度使。

這些節度使成了地方軍閥，之後唐朝便呈現各地軍閥割據的狀態。特別是安史勢力殘黨核心，位於河北被稱為河朔三鎮的幽州、成德、魏博節度使，其徵得稅收並不上繳朝廷，且自行任用轄下官吏與軍人，雖奉唐朝為正朔，但實際上已是獨立割據狀態。面對這種狀況，唐朝也針對稅制與財政制度進行根本上的改革（參見本系列第二卷）。

對安史之亂以後的唐朝而言，長期的重大課題即是討伐反叛藩鎮，並盡量增加服從朝廷命令的藩鎮。西元九世紀初的憲宗李純（八〇五—八二〇年在位）一朝對這一連串的舉措相對推行順利，平定了多數的藩鎮叛亂，相當程度恢復了朝廷的中央集權並足以號令全國，故史家取憲宗年號稱此時期為「元和中興」。面對叛亂的藩鎮時，朝廷採取聯合服從中央號令的藩鎮加以討伐的方式，這種合作關係中唐朝極度倚賴的，與安史之亂時相同，仍是居住於北疆，包含突厥遺民在內的突厥族騎馬游牧軍團。為了拉攏這些游牧民族的軍事力量便必須耗費龐大國家財政，因此唐朝採用兩稅法與鹽專賣等稅制改革以維持朝廷的財政收支。

密教的興盛與不空教團

安史之亂後，唐朝統治下的中國興起一種被稱為密教的佛教信仰。密教起源於南印度，在絲綢之路交流頻繁的八世紀前半傳至中國，並漢譯了密教依據的『大日經』、『金剛頂經』等經典。正式在唐朝推廣密教的是出身涼州的粟特僧人不空（七〇五—七七四年），而密教得以興起的契機，正是安史之亂。安史之亂爆發時因參與諜報活動而獲得新皇帝肅宗信賴的不空，在亂事平定後與朝廷內的掌權宦官，以及宦官轄下擁有眾多非漢人將士的禁軍神策軍多所結交，透過這樣的背景他在宮中實施鎮護國家的加持法會，並推進密教經典的漢譯。其中護國佛典《仁王經》的漢譯（實際上是在中國撰述的偽經）以及在山西北部佛教聖地五臺山宣揚信奉文殊菩薩等事蹟，皆為不空的重要成果。

包括儀式與祈禱對象在內，不空制訂了特定的儀軌（禮儀規矩），除了將儀式神祕化並強調其絕對價值外，尚使用了印度傳來的真言（曼怛羅，mantra）、陀羅尼（dhāraṇī）；配置大量佛、菩薩以象徵性手法表現宗教體驗的曼陀羅等方式，採行神祕且充滿異國風情的新奇密教儀式。不空的密教團體在唐朝安史之亂及其後面臨的危機中，透過這些儀式強調守護王朝的鎮護國家佛教特點，獲得皇帝、宦官、高官及武將們等統治階級的信任，進一步擴大了教團。

之後直到十世紀，華北皆以流行密教為主，日後也傳播到游牧王朝的契丹與西夏。此外，九世紀由日本來到唐朝的空海（七七四—八三五年）與圓仁（七九四—八六四），也在長安向不空的弟子們系統性地學習最新的密教。他們所傳的密教在日本分別成為真言宗的東密與天臺宗的臺密，日後成了廣為人知的日本佛教主流。即便隔海相望，日本並非與歐亞大陸東方史發展毫無關聯。

回紇的繁榮

對蒙古高原上甫取代突厥的回紇而言，遇上鄰國唐朝發生安史之亂此等大動亂，實乃幸運之事。以回紇第二代可汗身分即位的磨延啜（七四七—七五九年在位）同時接到唐朝皇帝與安史勢力的求援，權衡輕重後，最終選擇拯救唐朝於危急存亡之際。帶來的影響是回紇得以征討或併吞位於唐朝北疆的突厥游牧民族，成功排除對回紇而言的敵方勢力。不僅如此，除了攫取大量戰利品外，唐朝更以承認雙方絹馬貿易作為回報，讓回紇取得大量來自中國的財貨。如此一來，回紇在蒙古高原北方的統治勢力變得更加穩固。

回紇在與中國貿易的背景中雖然規模不大仍建立了一些城市。首先建設的是讓粟特人與漢人居住的富貴城（Baibalyk，突厥語意為「富貴」），接著建立首都窩魯朵八里（Ordu-Baliq，突厥語意為「宮殿之城」）[3]。後者於鄂爾渾河流域仍留有哈拉巴爾嘎斯（Kharbalgas）都城遺址，訴說著往昔的繁榮。值得一提的是，對以蒙古草原北部為據點的游牧王朝而言，這是歷史上首次真正建立一座城市。

在哈拉巴爾嘎斯都城遺址中殘存著九世紀初製作的巨大碑石的一部分，碑上記有突厥語、粟特語、漢語等三種語言文字，被稱為喀拉巴爾嘎遜（Kara-balgasun）碑文。根據碑文得知，安史之亂時摩尼教僧侶被帶回蒙古高原，以後回紇歷代可汗都保護摩尼教。摩尼教為源於波斯薩珊王朝的二元論宗教，在歐亞大陸上被廣泛信仰，透過粟特人亦傳來中國本土及歐亞大陸東方其他地區。

回紇是世界上唯一以摩尼教為國教的王朝。

西藏的強盛與歐亞大陸東方之三國鼎立

趁安史之亂而壯大的另一股勢力，便是吐蕃（西藏）。吐蕃是以位於西藏高原中央的雅礱河谷（Yarlung Valley）為根據地，於六世紀末至七世紀初發展強盛，七世紀後半攻滅青海的吐谷渾後，領土遂與唐朝統治的河西走廊接壤。唐朝面對吐蕃時為了防禦自身的西北邊境，遂於八世紀前半設置了河西、隴右節度使。吐蕃趁唐朝因安史之亂陷入混亂之際出兵，將河西走廊直至長安西部的隴州（陝西省隴縣）一帶皆納入版圖，七六三年更揮軍東進，甚至短暫占領長安。此外吐蕃還趁唐朝國力衰退之際，將勢力拓展到更西的

3 窩魯朵八里（Ordu-Baliq）為突厥語，唐代稱回鶻單于城，遼代稱卜古罕城或窩魯朵城。日後蒙古語稱哈拉巴爾嘎斯（Kharbalgas），意為「廢墟城」、「黑城」。

另，回紇於西元八〇九年改為回鶻。下文將根據時間而更換稱呼。見《舊唐書》卷一百九十五，〈列傳〉第一百四十五：元和四年，藹德曷里祿沒弭施合密毗迦可汗遣使改為回鶻，義取回旋輕捷如鶻也。

圖9　9世紀歐亞大陸東方的三國鼎立地圖

塔里木盆地。

吐蕃這股新興勢力能如此令人刮目相看地竄起，其祕訣便在迅速確立強大穩固的統治體制。在廣大的西藏高原上因氣候非常乾燥，所以人們只能以游牧為主營生，但包括雅礱河谷在內也存在可進行灌溉農耕的區域，故結合游牧民的軍事力量與農耕民的生產力後，便建構出吐蕃政權的基礎。吐蕃在中央設「如」（ru），在周邊非藏人區域設置「沖」（khrom，類似軍管區或軍鎮），透過此機制確立可穩定進行軍事動員的游牧人員，如此憑藉強大的軍事力量成功擴大版圖。此外，七世紀前半也訂定表記藏語的西藏文字，之後文書行政制度獲得高度發展，這也是吐蕃強盛的重要原因之一。吐蕃還在統領下的各地設置驛站相連，無論中央或地方政府機關皆透過「飛鳥使」以快馬傳送公文，能迅速傳達各式命令。

吐蕃更進一步將勢力延伸至塔里木盆地以北，七八九至七九二年於天山北麓東段的北庭[4]區域遭遇向西擴張的回紇勢力，雙方在此發生衝突，最終由回紇取得勝利，塔里木盆地北邊至天山一帶皆由回紇掌控，塔里木盆地南邊至河西走廊則由吐蕃控制，形成南北對峙之勢。

如此，安史之亂以後的七六〇年代至八三〇年代大約七十餘年期間，歐亞大陸東方東有唐朝、北有回紇（後改稱回鶻）、西有吐蕃，形成三足鼎立的狀態。唐朝雖然苦於吐蕃屢次來自西面的侵略，但八二二年兩國以對等關係會盟（締結和平條約），在西藏的拉薩立起為紀念這次會盟而以漢文、

4 北庭大都護府。又名別失八里（Bechbaliq或Beshbalik）、別石把、亦力把力。別失八里意為「五城之地」。

藏文兩種文字刻寫的唐蕃會盟碑。大約同時期，數十年來互為仇敵的回鶻與吐蕃也締結盟約。這些以吐蕃掌握主導權的形式締結之盟約，使彼此間偃兵息甲，日後未再發生戰爭，維持著和平關係。加上原本回紇（回鶻）自安史之亂以來便與唐朝維持友好關係，因此根據盟約也實現了三國和平共存的態勢。

八四〇年代歐亞大陸東方的巨變

然而，三國和平共存的時間並不長久。以強盛自豪的回鶻與吐蕃在八四〇年代突然接連衰亡。首先，回鶻因連年天災觸發內亂，八四〇年遭蒙古高原西北部的突厥部落黠戛斯[5]侵略後便一口氣崩解。組成回鶻部落聯合體的大量游牧集團分成數部離開蒙古高原，為求生路各自移動。

向南移動抵達中國北邊陰山地區的集團被唐朝視為威脅，最終面臨遭擊潰的命運。同時西向來到天山東麓的集團，最初以焉耆為首都建立西州回鶻王國，之後九世紀末遷移據點，往來於夏都北庭（別失八里）與冬都高昌間。西州回鶻作為天山東麓綠洲地帶的農牧複合國家，至十三世紀前半被蒙古帝國吸收前一直保持獨立。此外，進入河西走廊的集團建立甘州回鶻王國，一直繁榮至十一世紀前半才被夏州黨項所滅。隨著回鶻人定居河西走廊、天山東麓、塔里木盆地北邊等處，這些地區的綠洲居民急速突厥化，並在之後一千年期間持續不斷，規模龐大及於整個歐亞大陸。而觸發這種變化的契機，就是八四〇年回鶻的衰亡，最終給歐亞大陸史帶來重大的轉機。

另方面，吐蕃在八四〇年代亦因繼承人之爭導致王朝陷入分裂狀態，且隨之迅速衰退。之後西藏高原雖然失去了統一的王朝，但古代西藏的遺產仍持續被後世繼承。吐蕃統治下的地區，藏語成為共通語言廣為流傳，並形塑出可稱之為西藏文化圈的共通文化。特別是藏傳佛教大範圍傳播，成為歐亞大陸東方的一種文化現象，此點相當值得關注。

對唐朝而言，回鶻與吐蕃兩位強敵倒下原本是值得慶幸的事，但唐朝本

5 即葉尼塞吉爾吉斯人（Yenisei Kyrgyz）。《史記》稱鬲昆；《北史》、《周書》、《隋書》稱契骨、紇骨；《舊唐書》、《新唐書》稱居勿、結骨；另，《舊唐書》、《新唐書》、《舊五代史》、《新五代史》中也稱黠戛斯；《新唐書》亦稱戛戛斯；《元史》稱吉利吉思、乞力吉思、乞兒吉思、乞里吉思。

身也抱著藩鎮割據這顆不定時炸彈。此時已無力整合國內軍事力量的唐朝，更無餘力再次整合歐亞大陸的東方區域。不僅如此，唐朝也步上回鶻、吐蕃的後塵，西元九世紀中葉以降，唐朝國內紛亂不斷，面臨土崩瓦解的局面，藩鎮據地為王的動向益發顯著。

八七五年，走私鹽販黃巢起兵叛亂，最終成為席捲整個唐朝國土的大動亂。八八〇年洛陽與長安相繼被攻陷，唐朝面臨滅亡危機，雖然唐朝勉強鎮壓住這場叛亂，但朝廷威信已蕩然無存。鎮壓黃巢之亂時，加入唐朝並發揮三頭六臂本領大為活躍的，正是下一章將提及之李克用所率突厥族沙陀軍團，沙陀在之後的十世紀成為推動華北政局的主角。另一方面，朱溫脫離黃巢反叛勢力重新歸附唐朝，唐僖宗賜名「全忠」，並授以汴州（開封）節度使，朱溫自此大權在握。而這位朱全忠最終也在九〇七年代唐而立。

如此，至九世紀後半，原本大範圍統整歐亞大陸東方區域的強大王朝不復存在，以各局部地域為單位的中小型軍事勢力林立，明顯邁入一個多極化的時代。

第二章

契丹與沙陀

〈文姬歸漢圖〉第 13 拍（臺北國立故宮博物院）

一、契丹建國

契丹的登場

作為游牧王朝發祥地的蒙古高原中央（北蒙古）區域，因八四〇年回鶻滅亡而陷入混沌狀態。之後直到十三世紀初成吉思汗登場為止，一直未出現能完全統整蒙古高原游牧民族的大型勢力。同時中國本土也因黃巢之亂而於九世紀末陷入劇烈混亂，十世紀初唐朝接近三百年的歷史畫上了休止符，各地藩鎮紛紛獨立。趁歐亞大陸東方失去強大政權之機，於九世紀末至十世紀初抬頭的新興勢力便是夾在北蒙古與中國本土之間的契丹，其建國者為耶律阿保機。

契丹是以蒙古高原東南部、大興安嶺山脈南麓的西拉木倫河與老哈河間草原地帶為根據地的游牧集團。契丹是「Khitan」或「Khitai」的漢字寫法。北魏的正史《魏書》記載，早在五世紀前半他們便於和龍（營州）北方過著游牧生活。關於契丹的起源，早期的中國史料記載他們是建立北周的宇文一族（匈奴人）分支，但契丹人本身在日後建國過程中則標榜自己是在蒙古高原建立大帝國的鮮卑檀石槐的後裔。

六世紀後半突厥第一汗國強盛後，契丹臣屬於突厥，至七世紀前半唐朝滅突厥稱霸歐亞大陸東方後，契丹便與居住於鄰接地帶、擁有相近語言、習俗的游牧民族「奚」一同被編入唐朝的羈縻統治下，唐朝於此設置松漠、饒樂都督府。之後，七世紀末被唐朝任命為松漠都督的契丹領袖李盡忠背叛武周政權，自稱「無上可汗」並占據營州。根據可考的文獻，這是契丹首次自稱可汗。之後契丹與奚（庫莫奚）一同從屬於復國的突厥第二汗國，當突厥內亂後再度歸順唐朝。只是契丹部落內亂不止，隨之唐朝對此地的羈縻統治也無法穩定。

安祿山於幽州崛起後遂攻打契丹與奚，而契丹與奚內部並非全然團結，部分族人投降安祿山並被編入軍團。安史之亂爆發後，唐朝對契丹與奚的羈縻統治也告終結，亂事平定後契丹遂從屬於回紇（後改稱回鶻）。另外，編入安史軍團移居河北的契丹人，在唐代晚期成為河朔藩鎮的其中一股軍事力量。

耶律阿保機即可汗位

就這樣，到九世紀為止，契丹隨著歐亞大陸東方情勢的變化，在中國本土的唐朝、安史軍團、蒙古高原中央的突厥與回鶻等政治強權間動盪。

最初契丹也分為數個部落，相關文獻史料極少，僅能得知模糊的內部狀況。根據中國的正史，七世紀左右有一位大賀氏的族長成為君主，聯合八個部落形成「大賀氏八部」。追溯契丹傳承的正史《遼史》記載，唐玄宗時代的八世紀中葉左右，遙輦氏接替大賀氏成為聯盟首領，但真相不明。但至少可以確信的是直至西元九世紀中葉左右皆由遙輦氏稱可汗，而契丹八部由各領導者共同商議後推選可汗以形成部落聯盟。

契丹的建國者耶律阿保機（八七二—九二六年）出身於遙輦氏之後八部中的迭刺部。耶律原為出身地的地名，待即可汗位後成為氏族名稱。耶律一族在契丹八部聯盟中擁有相當實力，而阿保機最初可確認的事蹟是他曾於遙輦氏最後一位可汗痕德堇可汗手下擔任禁衛軍隊長，九〇一年成為迭刺部的夷離堇（軍事、行政指揮官）。就任夷離堇後的阿保機主導對外遠征，成為契丹實際上的軍事指揮並嶄露頭角。九〇三年他擔任「于越」此一源於回鶻宰相的職位，至此阿保機總攬契丹部落聯盟的全部軍事與政治權力。

之後阿保機連年親自率軍遠征，終於在九〇七年取代痕德堇即位可汗，中文稱之為「天皇帝」，這大概是契丹語「Tengri Khan」（源於突厥語，天可汗）轉譯成中文的稱呼。阿保機即可汗位一事，意味著迭剌部耶律氏依靠實力取代遙輦氏並創建了新的王朝，此時可視同契丹已然建國。

關於阿保機即位，值得關注的是施行了由遙輦氏阻午可汗制訂，被稱為「柴冊儀」的即位儀式，基於這個遙輦時代以來的遺制，組成契丹部落聯盟的八部各派出長老參加，透過協議擁戴最優秀的人物擔任可汗。在阿保機建國後的歷代皇帝也都承續此項儀式。必須留意的是，契丹領袖除了皇帝身分外，一直以來也同時兼具可汗這個由契丹部落聯盟共同擁戴的領導者身分。

邁向帝位之途

即可汗位後，阿保機最初的重要事蹟便是九一〇年率軍親征與契丹根據地南側接壤，位於老哈河上游一帶的奚。阿保機促使由五個部落聯合而成的奚臣服於契丹，日後設置奚王府，並將奚族編入契丹的部落聯盟，給予對方首領等同於契丹王族的優遇。

然而在這個階段，阿保機身為可汗的權力基礎尚未穩固。阿保機之下以剌葛為首的親弟弟們，從九一一至九一三年共發動三次叛亂，尤其是第三次，規模大到剌葛行將奪取阿保機的汗位，契丹因內亂一分為二。阿保機一度陷入斡魯朵（Orda，宮帳）遭襲擊的危機狀況，最終好不容易才成功平定亂事。

平亂之後阿保機處死叛亂勢力，但即便面對三次叛亂首謀的弟弟們，他仍寬大加以赦免。如此契丹族內的叛亂獲得平定，完成鞏固國內領地的阿保機於九一六年在龍化州（內蒙古自治區通遼）接受群臣與屬國獻上「大聖大明天皇帝」尊號，使用神冊作為年號。自九〇七年即位可汗後，歷經九年再度登上汗位，同時也對中國使用「大契丹」國號。大約一個月後更冊立長子圖欲（或記為突欲，漢名倍，八九九—九三六年）為皇太子。除摒退覬覦可汗權位的剌葛外，阿保機此舉也宣示將讓自己子孫繼承皇位，他自身成為開國皇帝遼太祖，鞏固了世襲的皇帝權力。

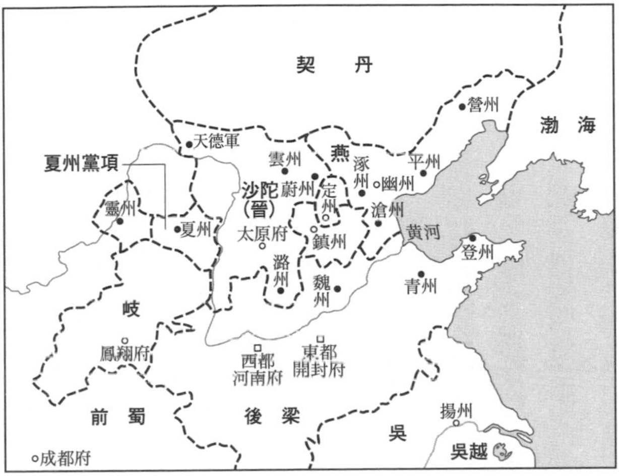

圖 10　唐朝剛滅亡時的中國

遠征蒙古高原

此前數年間忙著鎮壓內亂的阿保機，登基後改弦易轍再度向外擴張。阿保機將目標指向南方，與興起於華北、由李存勗率領的沙陀軍團對峙。針對華北北邊區域，契丹與沙陀於九一七年和九二一年發生兩次全面性衝突。有關契丹與沙陀的關係將於下一節說明。

九二四年，阿保機率軍親征深入蒙古高原中央。他先經過五年前征服的蒙古高原東北部的烏古、敵烈部一帶（內蒙古自治區呼倫貝爾市），再沿克魯倫河、土拉河行軍西進，之後抵達蒙古高原中央，討伐契丹語稱為「阻卜」的游牧民族韃靼。此行除了在鄂爾渾河上游的回紇古都窩魯朵八里豎立紀功碑，更削去原本的突厥碑文文字，再以突厥文字、漢字及阿保機建國後創制的契丹文字等三種語言鑿刻遼太祖紀功碑，誇耀契丹君臨草原之威。然而契丹此時尚未能長期持續統治蒙古草原北部的游牧民族，直到十世紀後半為止，當地仍維持韃靼九姓的部落聯盟勢力。阿保機又進一步從蒙古草原北部派軍南下，並遣使前往甘州回鶻。在統領天山東麓至河西走廊區域後，阿保機再遣次子堯骨（漢名德光）分軍跨越戈壁沙漠攻入鄂爾多斯一帶，經略叛服無常的吐谷渾及黨項。

渤海國的覆滅與阿保機之死

經過一年多西方遠征凱旋歸來，阿保機未加喘息，又於九二五年發兵遠征東方的渤海國。這次是連皇后、皇太子、次子堯骨等皆隨軍進發、舉全國之力的大遠征。此時渤海國政權因內亂而震盪不穩，阿保機認為機不可失，故自西征歸來後立刻揮軍進擊。阿保機的親征軍先攻陷渤海國西部要衝扶餘城（吉林省農安），接著對首都忽汗城（上京龍泉府、黑龍江省寧安）展開奇襲與包圍，不過數日，渤海國王大諲譔便率群臣來降，之後大諲譔雖再度反叛，但旋即遭到鎮壓。因為此次契丹的閃電作戰，讓渤海國兩百多年的歷史就此落幕。

阿保機改渤海國為東丹國，改忽汗城為天福城，冊封皇太子圖欲為人皇王擔任東丹國王。東丹國採用宰相由契丹人與原渤海國人擔任各半的制度，但實際上無論中央或地方政府仍舊沿用渤海國的官僚機構。然而這種懷柔政策並未給東丹國帶來安定，各地接連出現反契丹叛亂，為此以堯骨為主的契丹軍不斷奔走各地進行鎮壓。

在混亂當中，九二六年七月，阿保機從渤海遠征返回根據地的途中突然逝於扶餘城。將如後述一般，當時後唐沙陀政權發生內亂，阿保機獲得華北陷入混亂的情資後，似乎已將下一個目標鎖定中原，然因他的猝逝使得這個夢想就此落空。

東丹國此後依舊紛亂，阿保機的後繼者堯骨（遼太宗）認為舊渤海國的統治過於棘手，在他即位一年多後的九二八年，最終放棄對舊渤海國領地的統治，祭出鐵腕將整個東丹國移至遼東平原。之後以渤海國遺民為核心加上大規模移入漢人，遼東平原便在契丹的統治下正式開始獲得發展。

契丹中樞的皇族與后族

阿保機在國內政治鬥爭中勝出，對周邊積極推動征服戰爭，是一位終身奉獻給戰爭的征服者。而同時他也是一名建設者，將契丹打造成前所未見的、全新型態的游牧王朝。

阿保機在建國過程中，將過往的契丹八部聯盟重新整編為以迭剌部阿保機一族為核心的部落聯盟。阿保機即可汗位後，設立管理皇族的惕隱司（Tegin，源自古代突厥語，意指男性王族），據此可得知他於很早的階段即已開始規畫皇族的範疇。皇族的中樞由阿保機血脈所占，此外還將阿保機叔父的後裔定為孟父房、仲父房；諸弟後裔定為季父房，合稱三父房。這四個集團稱為四帳皇族，構成皇族的中心部分，歸大惕隱司管轄。另又定阿保機曾祖父與祖父的特定兄弟後裔為五院、六院，其成員稱為二院皇族。屬於皇族的部落集團稱「橫帳」，該詞彙有時指涉四帳皇族，有時包含範圍更大，尚納入了二院皇族。

阿保機的正室應天皇后月理朵（謚號淳欽皇后，八七九—九五三年）才能卓越，扮演親信的角色協助丈夫謀議政治與軍機等事宜。在游牧民族的社會中男性為了狩獵或戰鬥而外出時，女性負責留守保護帳篷與家畜等財產，因此在家族或社會中女性都握有很大的發言權。在游牧王朝中屢屢可見女性掌握權力的狀況，這或許也反映了游牧社會中女性的地位。在契丹的例子中，應天皇后在阿保機死後成為皇太后並掌握實權，決定繼位者等事宜。日後契丹也出現幾位被稱為「國母」的皇太后君臨朝政的狀況。

應天皇后出身的述律氏族被認為是回鶻後裔，皇后的父親曾在遙輦可汗下任職。應天皇后的異父兄敵魯與同父弟阿古只、實魯同樣身為阿保機的親信而活躍於朝中，屬於建國功臣。之後阿古只及敵魯的子孫皆與阿保機的子

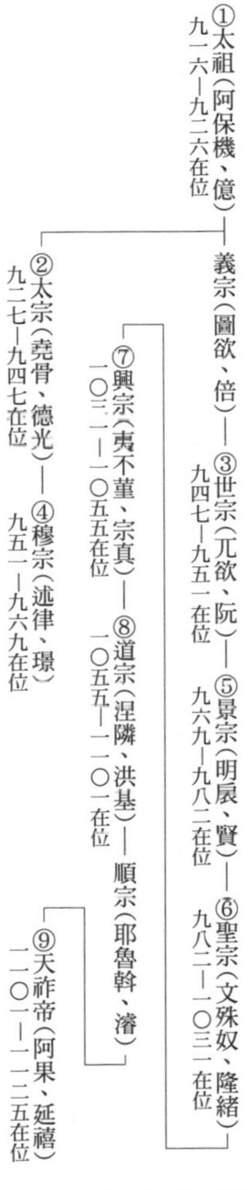

圖 11　契丹國簡略系譜圖
括弧內依次為契丹名、漢名。

孫保持政治聯姻關係，歷代皇后輩出，且無論哪一支血脈在堯骨一朝後在漢語中都使用「蕭」姓。奚王一族因也與契丹皇族通婚而使用蕭姓。阿古只與敵魯後裔被編入國舅帳（舅指妻子的父親），作為契丹國「后族」（姻親）受到特別禮遇。他們與皇族同為支撐契丹國的骨幹。

皇帝直屬軍事力量的形成與斡魯朵

內亞游牧王朝的共同特徵，在於皆由數個各自保持獨立的游牧部落聯合而成部落聯盟，而核心部落的指導者則成為君主。當有能力的君主在世時，部落聯盟便能維持一體，但因各部落原本就擁有高度自主性，因此一旦君主失去眾人的向心力，聯盟也容易土崩瓦解。亦即，靠著強大騎兵軍事力量席捲歐亞各地的游牧王朝，其實也內藏著此種結構性的組織弱點。

阿保機創建的契丹國，則成功克服了這種游牧王朝的脆弱性。他成功的關鍵在於名為「斡魯朵」的制度。斡魯朵在古代突厥語中指可汗居住的宮帳，以及追隨之朝廷大臣們的帳篷，出現於八世紀的突厥碑文上。斡魯朵尚包含與可汗一同居住的妃子們的後宮，以及養育可汗孩子們的場所。斡魯朵一詞在由突厥語演變而來的契丹語中也具備相同意義，而作為一種制度的斡魯朵，則指皇帝宮帳群與追隨皇帝的禁衛軍，再加上支援這些人生活的各式集團。

阿保機即可汗位後，創建了隸屬於君主的禁衛親軍。他由從屬的契丹各部中選出精壯士兵兩千人，組織直屬可汗斡魯朵、被稱為「腹心部」的禁衛軍團。因此日後阿保機組建的斡魯朵便稱為「算斡魯朵」（「算」是契丹語「心腹」的漢語音譯）。契丹語中也稱為「皮室軍」（有金剛〔鑽石〕之意）的禁衛親軍，由同族的曷魯或應天皇后的兄弟敵魯、阿古只等阿保機最信賴的親信統轄，無論阿保機前往何處都隨侍在側。平定剌葛等諸弟叛亂時大為活躍的，正是此禁衛親軍。

斡魯朵禁衛親軍在阿保機死後仍受承繼，日後隨著王朝的擴大規模也擴充到以萬人為單位，組織逐漸龐大化。劃入斡魯朵中的戶籍，包括以契丹人為主的游牧民族，與包括漢人在內的定居農耕民族，這些戶籍須提供成年男子加入禁衛親軍。這種斡魯朵所屬戶籍稱為宮分戶，戶籍屬宮籍。隸屬宮籍者平時一部分擔任皇帝隨從，其他人散居於全國各地規定住所，從事包含養馬在內的畜牧以及農耕生產活動。萬一發生戰爭必須動員士兵時，隸屬宮籍的成年男子負有從軍義務，屬於最先被動員的對象。

重點是新皇帝繼位的時候可以建立新的斡魯朵，新斡魯朵的成員中部分由隸屬先皇的斡魯朵戶籍充當。皇帝駕崩後，屬於先皇的斡魯朵戶籍被編入新皇帝的斡魯朵中，或者依舊歸屬先皇。亦即，先皇的斡魯朵可能直接隸屬於新皇，戰爭時期所屬戶籍同樣負有從軍義務。各斡魯朵的戶籍由各斡魯朵設提轄司管理，在其命令系統下接受動員。

如此，斡魯朵不僅提供禁衛親軍，隨著組織發展，戰事發生時也具備了讓皇帝動員軍隊的機能。斡魯朵隨著皇帝交替而增加，到了契丹晚期除了歷代皇帝之外，部分也由皇太后掌控，合計共有十三個斡魯朵，所屬戶數超過二十萬，可動員的騎兵達到十萬多人。因為斡魯朵的組織特性，讓契丹皇帝手中一直能握有強大的軍事力量。

吸收定居人口與建設都市

阿保機建立的契丹國還有另一項革新，即雖然身為游牧王朝，但王朝的中心部落中也大規模移入農耕人口，在原本游牧民生活的草原地帶上大量建立了城郭都市。

阿保機即可汗位前後對河北、河東北部等華北北疆不斷進行遠征，掠奪了許多人口。同時如後所述，華北政局因遇到唐朝滅亡而極度混亂，包含鄰接契丹的幽州盧龍軍節度使在內，各地藩鎮暴政橫行，因為厭惡此種狀況而自願逃入契丹領地內的移民也不在少數。

契丹讓這類移民接連移墾國內各地，墾殖地區以王朝中心西拉木倫河流域為中心，加上西遼河流域或奚的根據地老哈河流域，以及從霸州（唐代稱營州）經醫巫閭山（遼寧省北鎮市西部）北麓至遼西地方等處。移民地區的建築有具備城牆的城郭都市以利居民定居，作為農耕、手工業與商業的生產據點。另外如後所述，為了管理定居人口，城內也設置了州、縣等契丹政府的官衙。

原本契丹的根據地西拉木倫河流域，在蒙古高原中較靠近海，年降雨量接近五百公釐，屬於雨量較多的地區，可栽培耕種粟、黍、稗、蕎麥等耐旱植物。契丹統治階層善用此種氣候環境，在契丹根據地強力推動移入農耕民族開發農地。加上渤海國滅亡後，也讓渤海移民中的部分農耕人口移居西拉木倫河一帶，最終大興安嶺南端的草原地帶中散布著城郭都市，周圍農地遍布，形成了一種新的景觀。

如此，十世紀前半發生農耕民集團大規模從華北北部移居至契丹根據地的現象。這也反映出契丹在阿保機的階段成功建立王朝並實現安定統治，對移民而言，此地區成為得以安身之地。

與此相關且值得注目的是，近年契丹核心所在地的內蒙古自治區東部與遼寧省西部，漸次發現十世紀前半的契丹遺跡與文物。尤其是寶山遼墓、耶律羽之墓、吐爾基山遼墓等墓葬的發現特別值得一書。這些墓葬中發現強烈受到唐文化影響之壁畫與隨葬品，且大部分的工藝水準極高，足堪匹敵盛唐時期。此種考古學上的發現亦符合當時人流、產物從華北遷往契丹，與契丹導入唐制的建國過程相符。同時也可看出草創時期契丹文化、經濟早已獲得迅速、高度發展，完全顛覆目前契丹文化乃十一世紀後經與北宋交流而獲得發展的一般概念。

皇城與捺鉢

在大量營建的城郭都市中最具象徵意義者，為阿保機即皇帝位後在創業地開始營造的「皇都」，此為契丹根據地中所建最大城郭都市。阿保機命漢人工匠在城內接連打造宮殿、寺院、道觀等固定建築物，繼位的堯骨時代也進行大規模的擴張工程，並將此地定為首都，改稱上京。

上京城的遺跡現存於內蒙古自治區巴林左旗的林東鎮，城牆與建築物地基保存相當完好。上京城平面呈「日」字形，北側城牆每邊規模約一・五公里，南側臨接規模較小的城池。北側城即為中國考古學者所說的皇城，內有宮城，宮城城壁包圍著宮殿。南側城因河川氾濫受損嚴重，根據文獻史料，此區多居住漢族移民，故稱漢城。

近年對上京遺址展開正式的考古學調查、研究，也發現了許多新的事實。其中特別重要的發現是，皇城中軸線為東西向，即宮城的宮殿正面朝東。此與中原王朝宮殿面南的平面結構相異，宮殿面東與契丹人崇尚太陽的信仰相關，以東為尊。從匈奴、突厥以來，此種信仰便根植於游牧民族傳統中。上京宮殿的建造揉雜了中原制度與游牧民族的精神世界，充分表現出將游牧王朝與中原王朝文化、制度融合的契丹特色。

圖 12　契丹上京遺址平面圖

不只平面布局，契丹皇城與宮殿機能也與中原王朝相當不同。歷代契丹皇帝並不居住於皇城宮殿中，依舊保持游牧民族的風俗，維持季節性移動的生活習慣。皇帝居住於宮帳，如前所述稱為斡魯朵。隨季節遷移的斡魯朵所在地，也就是契丹皇帝的行營，在契丹語中稱為「捺鉢」。皇帝之外尚有后妃、皇子等皇室家族以及包括王族在內的重臣、官僚等隨行，此外還有前述斡魯朵所屬、規模一萬人的禁衛親軍常時作為隨扈。換言之，移動的宮帳斡魯朵才是王朝的真正政治中樞。這種遷移式王權正是內亞游牧王朝的共通特徵。皇帝僅偶爾前往皇都，宮殿幾乎不具備皇帝居住空間的意義。實際上皇城主要僅用於特別的儀式，另也用於象徵契丹王權的財富與權威。同時皇都也提供定居人口生活空間，設置政府官衙，完備了基於唐制而建立的官僚機構。

日後，後文將述的堯骨一朝（遼太宗耶律德光）接收後晉高祖石敬瑭割讓的燕雲十六州，開始統治部分原中原王朝領土，至十一世紀前半夷不堇（遼興宗耶律宗真）一朝為止依序共建立了東京（遼寧省遼陽）、南京（燕京、北京市）、中京（內蒙古自治區寧城）、西京（山西省大同）等都城，完成了五京制度，藉此控扼四方，確立對其中區域的統治權力。在各都城皆設統轄軍政、行政的留守司；掌管財政的鹽鐵使司、戶部使司、度支使司、三司使司等官衙，統轄各區域的軍政、行政與財政。如此一來，都城除了象徵皇權，也逐漸發揮重要行政機能，成為支撐契丹朝廷統治全國領土的結節點。

劃時代的契丹國制度

在建國過程中，阿保機自漢人移民內提拔有才之士作為顧問，利用他們的智慧導入源於唐朝的中原王朝制度，協助完善了契丹朝廷的集權統治。除前述於草原地帶建設中國式城郭都市外，在中央、地方官制與禮制上也多導入唐制，且與源自游牧王朝的官制、禮制並存，即所謂的「蕃漢」雙重體制。語言上亦然，契丹統治階級之間使用契丹語和漢語，行政文書上並行使用為了表記契丹語而創制的契丹文字（有契丹大字與小字二種）與漢文。另外也整備了驛傳與文書行政等通訊、交通制度，一方面可讓皇帝自身的命令迅速傳達各地，一方面也可確實蒐集國內外情資，此二點對建構集權統治體制而言極為重要。根據史籍記載，活躍於阿保機麾下的漢人顧問有推動城郭都市建設與促進漢人移民定居的韓延徽；除籌設典章制度還於軍事面發揮長才的韓知古；主導上京建設的康默記（也有認為他是粟特人的說法）等人。其中韓知古的子孫在契丹政權下取得榮華富貴，於政治、軍事上活躍者輩出，日後尚受賜與皇族相同的漢姓耶律氏，受到準皇族的禮遇。

阿保機更進一步確立了可對應游牧民族與定居農耕民族等相異集團的複合型統治制度。生活於草原上的契丹與奚等游牧民族，基本上採取部落編制，各自於規定的游牧圈中反覆著季節性遷徙，過著游牧生活。另方面針對漢人與渤海人（渤海人中也有納入狩獵游牧民範疇者）等居住於城郭都市及其周邊聚落的定居農耕民族，則以唐制為典範實施州縣制。州縣中除一般州縣外，尚有前述斡魯朵所屬州、縣，以及源於建國之初作為軍功獎賞賜給將帥、屬於私城的頭下州縣等種類。這些居住於斡魯朵所屬州縣或頭下州縣的定居農耕民，乃皇帝及王族等有力人士的私有人口，此為基於游牧王朝分封體制而打造的制度。

如上所述，阿保機制定國策的關鍵，在於以游牧民族的軍事力量為主軸，並搭配上農耕民族的生產力，確立了融合契丹制與唐制的集權軍事組織及統治制度，而此方針亦被日後歷代契丹皇帝所承繼且日益完善。這使契丹建構出比過往內亞游牧王朝更為強化的穩定統治機制，並得以在歐亞大陸東方維持超過兩百年的繁榮。

二、沙陀的興起

沙陀聯盟的形成

唐朝滅亡前後，以突厥游牧集團為核心、被稱為「沙陀」的勢力崛起，成為華北的一大軍事力量。沙陀原本屬於西突厥的部落集團，居住於東部天山地區的蒲類海（新疆巴里坤湖〔Barkul Lake〕）以東，史書記載因附近有被稱為「沙陀」的沙漠，故被稱為「沙陀突厥」。之後遷居河西走廊的甘州（甘肅省張掖），在九世紀初吐蕃強盛之際受其壓迫，而逃至靈州（寧夏回族自治區靈武）並歸順唐朝。此後旋即遷居山西北部以大同盆地為中心的「代北」地區。沙陀族在保持部落集團自主性的情況下過著游牧生活，也被唐朝視為承擔北疆防禦的軍事集團之一。

歸順唐朝遷居代北時，領導沙陀集團的是朱邪部落，因受漢人風俗影響而冠以朱邪氏之姓。九世紀後半唐朝內亂持續之際，朱邪部落的領袖李國昌（接受唐朝賜予國姓，原名朱邪赤心，？—八八七年）與李克用（八五六—九〇八年）父子率領的沙陀一族興起。沙陀族興盛的決定性契機，便是黃巢之亂。

黃巢之亂爆發後，西元八七八年李克用趁亂廢了唐朝派遣至代北最大都市雲州（山西省大同）的官僚，自行掌握行政、軍事大權。唐朝為此派兵平叛，八八〇年李克用大敗，亡命至以陰山山脈為據點的韃靼部落。然而，翌年黃巢攻陷長安，唐僖宗落難四川，陷於困境的朝廷認為應徵用代北游牧軍團以鎮壓黃巢，故赦免李克用之罪，將其從逃亡處喚回代北並授以鴈門節度使之職。之後李克用率領全身黑衣裝束、被稱為「鴉軍」的精強騎兵部隊攻破黃巢部隊，於八八三年奪回長安。因為此件大功唐朝任命李克用為河東節度使，李克用也逐步確立自身於代北南側以太原為中心的河東（山西省）勢力。

李克用率領的沙陀部落集結了散居代北的各種集團，其中有粟特系突厥、吐谷渾、契苾、回鶻、突厥、韃靼等游牧民族，另也包含漢人。其中沙陀與粟特系突厥間擁有堅實的聯盟關係，九世紀前半「沙陀部落」已經與「薩葛部落」、「安慶部落」聯合，形成著名的「沙陀三部落」。薩葛部落與安慶部落的核心成員，是原本被配置於鄂爾多斯南部被稱為六州胡的粟特系突厥（參見第一章）後裔，他們大概是受到吐蕃壓迫才於八世紀後半移居河東。進入沙陀權力核心的粟特系突厥，在之後成立的沙陀系王朝中占據要職，日後甚至出現皇帝如石敬瑭。簡要來說，所謂的沙陀即是以朱邪部落（李氏一族）領導的狹義沙陀部落為核心，再加上結合代北多種集團的一種聯盟。

朱全忠的興起與唐朝滅亡

在平定黃巢之亂的過程中，中國本土強大的藩鎮（節度使）形成割據態勢。在這股因黃巢之亂而抬頭的新興勢力中，與李克用並列實力最強者為朱全忠（八五二—九一二年）（參見第一章）。被唐朝任命為汴州（河南省開封）宣武軍節度使的朱全忠，因占有接近連結中國南北大運河的物流據點而獲得急速發展，並在與周邊藩鎮交戰中擴大自身版圖。

最初李克用與朱全忠在平定黃巢之亂上抱持合作關係，八八四年李克用向東追擊敗逃的黃巢抵達汴州附近時，朱全忠還設宴款待李克用，兩人直接見面。然而，此時朱全忠嫉妒對黃巢作戰中功績最為彪炳的李克用，企圖暗殺對方，李克用歷經九死一生終得逃脫，返回太原之後，兩人變成不共戴天的宿敵。之後，朱全忠建立對李克用的包圍網並取得優勢，且兩度發兵遠征太原，李克用千辛萬苦力保河東數州之地拒敵。當李克用權威不再，等於給位於中原的朱全忠敞開通往權勢的大道，朱全忠前往長安迎接唐昭宗，並強行遷都洛陽。殺害昭宗後又要求繼位的唐哀帝禪讓，自己於九〇七年即皇帝位，以汴州為國都，建國號梁（史稱後梁）。至此，唐朝滅亡。

沙陀系王朝的開端——後唐建國

李克用不承認朱全忠的新王朝，仍繼續奉唐正朔，但他於翌年過世。這位年紀輕輕即嶄露頭角並建構起沙陀軍團的英豪，晚年面對朱全忠卻居於劣勢，最後在失意之中抑鬱而亡。

李克用的後繼者為其子李存勗（八八五—九二六年）。李克用除了親生兒子之外，尚有許多被稱為「假子」或「義兒」的養子。李克用見到麾下有前途的年輕人即認為養子，根據文獻史料人數達一百餘人，其中除包含狹義的沙陀族人以外，還有吉爾吉斯與回鶻等突厥系游牧民族、粟特人與漢人，出身血統十分多元。這種義父子關係在前述安祿山集團中也清楚可見，自八世紀至十世紀於華北藩鎮軍團中非常流行，是大大小小軍事集團領袖為加強與追隨者的主從關係而常用之手段。因領袖魅力而擁戴李克用，且包含多元民族集團的沙陀聯盟，可說是一個透過擬制血親關係讓領導者李克用與武士們締結私人主從關係，並以這些人為核心構成的純粹軍事集團。

視李克用之死為大好良機的朱全忠，旋即派遣大軍攻往河東。當時年僅二十四歲的後繼者李存勗，繼任後立刻面臨危機，不過李存勗親自率軍前往河東東南部的潞州（山西省長治）擊退大意的後梁軍隊。此後李存勗徹底發揮自己的軍事長才主動出擊後梁。九一一年於河北南部的柏鄉（河北省邢臺）大破後梁大軍，兩年後攻下承繼河朔三鎮系統的幽州劉守光，斷除後顧之憂。接著他更拉攏領有河北南部的河朔藩鎮之一的魏博節度使，後將被稱為銀槍效節軍的魏博牙軍（藩鎮的私人軍團）編入自身禁衛親軍，在對後梁的戰爭中將其活用作為前鋒。此外也不可忽略李存勗從山後（太行山脈北端的北側）地區吸收奚、契丹、室韋、吐谷渾等游牧騎兵超過十萬人。李存勗的軍隊至此不僅有核心的沙陀聯盟，還加上這些新加入的軍團，成為以北方游牧民族為主軸的軍事勢力。

此時淪為守勢的後梁發生內亂，九一二年已經病倒的朱全忠遭到殺害，繼位的朱友珪也於翌年被殺，之後由朱友貞即皇帝位（後梁末帝）。當後梁政局混亂之際，在黃河北岸隔河對峙的李存勗則確實地壯大己方勢力。九二三年李存勗於河北南部的魏州（河北省大名）即位稱帝（後唐莊宗）。李存勗的即位繼承了李克用的遺志，一直將朱全忠的後梁視為篡位者，打著復興唐朝的大旗，故將國號定為唐（後唐）。同年李存勗攻克開封滅後梁，定都於洛陽。實際上以李克用為開山鼻祖的沙陀軍團，至此成為統治中原的王朝。李存勗更進一步合併據有陝西的岐王李茂貞勢力及四川前蜀，將華北全境與四川收入後唐版圖。

十世紀的中原，從後梁開始各朝皆為以軍事集團為核心的政權，之後接續者為後唐、後晉、後漢、後周（為與之前存在的王朝區分皆冠上「後」字）。宋代以後傳統上將這五個接連的政權稱為「五代」，後梁係建立在黃巢叛亂勢力上的王朝，與此相對後唐、後晉、後漢皆出自李克用沙陀軍團，乃由突厥系武將成立的王朝。之後的後周與北宋實際上也是隸屬沙陀聯盟的漢人武將所建立的王朝，這部分將在後文說明。從這樣的連續性來考量，後唐之後一連串的諸王朝甚至包含建國初期的北宋，應該都可採「沙陀系王朝」的觀點來理解。

三、沙陀系王朝與契丹

沙陀與契丹的對峙

至此我們已經介紹十世紀前半歐亞大陸東方出現的契丹與沙陀，這兩個以游牧民族騎兵軍力為背景崛起的新興勢力。李存勗滅後梁稱霸華北之後，包括後唐在內的沙陀系王朝皆與契丹形成對峙局面。雖然中原的政局不穩且王朝反覆交替，但至北宋以後，中原王朝與契丹的南北對峙狀態，便成為歐亞大陸東方情勢的基調。

沙陀與契丹的接觸，可以追溯到九〇五年李克用與阿保機締結的雲州會盟。如前所述，十世紀初阿保機反覆對中原用兵，九〇二年大舉攻入沙陀根據地代北，掠奪了大量的人口與家畜。但當朱全忠進攻太原李克用根據地導致李克用居於劣勢時，他仍向北鄰阿保機求助。西元九〇五年春，阿保機回應李克用所請，率大軍來到雲州，兩人得以見面。雙方於帳篷中設宴，李克用提議共擊幽州的劉仁恭與汴州的朱全忠，阿保機表示同意，兩人歡欣握手，並交換外套與馬匹結拜為兄弟。根據後來的文獻顯示，此時雙方互遣使節、交換禮物，並且似乎也劃分了彼此勢力範圍的界線。

然而最終雙方並未依雲州會盟實施共同作戰。會盟翌年，朱全忠為了篡唐而遣使至契丹，阿保機選擇與朱全忠合作。九〇七年朱全忠即位稱帝，阿保機即可汗位後，後梁與契丹依舊持續保持友好關係。形同遭到背叛的李克用對阿保機滿懷怨恨。

李克用身亡後，繼位的李存勗再度摸索與契丹合作，但契丹與後梁仍維持友好關係，因此最終未能實現。之後，穩定了國內局勢並即位稱帝的阿保機對外改採積極策略，契丹與沙陀首次發生重大軍事衝突。九一六至九一七年，阿保機攻略山後諸州擊潰沙陀軍，進軍華北平原最終包圍了幽州。包圍戰時間拉長，至夏季契丹軍退兵，此時李克用的義子李嗣源（八六七—九三三年）率沙陀遠征軍擊潰契丹軍。九二一年河北定州軍團（義武軍節度使）面對李存勗揮軍來襲時，內部出現想與契丹結盟的舉動，此時契丹也介入戰局，由阿保機長子圖欲率契丹軍進攻河北。面臨此狀，李存勗率軍親征，經歷苦戰擊退契丹軍。李存勗兩度面對契丹軍來襲的重大危機，但都能夠成功擊退對方，這也為他日後稱霸中原打開了門戶。

契丹入侵中原

李存勗作為軍人，擁有非凡的才能，面對後梁與契丹屢經危急戰況仍能扭轉劣勢，最終成功帶領沙陀軍團稱霸中原。然而，他卻欠缺承平時期的統治能力。沙陀能成就霸業係因李克用的養子們立下大量汗馬功勞，但李存勗政權卻將他們排除在外，加上濫用親信，李存勗的暴政導致李克用以來的沙陀軍團失去向心力，軍人們不滿之情高漲，西元九二六年河北南部遂爆發叛亂。當在對契丹戰爭中力戰不懈，具有長老輩分的猛將李嗣源在魏州受擁戴自立後，李存勗在國都洛陽因政變遭殺害，此時距離他即位僅過了三年時間。

李嗣源出身代北游牧民族，與李存勗並無血緣關係，但即皇帝位後，李嗣源仍重視與李克用的義父子關係，採取繼承後「唐」的形式登基（後唐明宗）。李嗣源鎮壓了頻發的叛亂，起用即位前任節度使時的親信，創設直屬皇帝的侍衛親軍，努力強化中央集權。

但九三三年他過世後，沙陀軍團再度陷入內爭，李嗣源的親兒子與義子之間爭奪帝位，待漢人義子李從珂（八八五—九三六年）即位，李嗣源的女婿石敬瑭（八九二—九四二年）起兵反叛。李嗣源還在世時，石敬瑭就為抵禦契丹而任河東節度使駐紮太原，此時他竟遣使前往國境相連的敵國契丹請求援軍。

這個時期，契丹已由阿保機次子堯骨繼位為帝。阿保機死後一年多的西元九二七年，在阿保機之妻應天皇太后的指示下，群臣不立皇太子東丹王圖欲，而改立次子堯骨為帝（遼太宗，九二七—九四七年在位）。失勢的圖欲三年後渡海亡命後唐，在洛陽拜見明宗李嗣源，並被賜名為李贊華。

堯骨認為應當完成父親阿保機進出中原的遺願，故答應石敬瑭提出的求援，決定介入沙陀軍團內爭。九三六年堯骨率領五萬騎兵南下直抵太原，大破李從珂派出的討伐軍，至此大局底定。石敬瑭於太原受堯骨冊封為皇帝，國號為「晉」（後晉高祖）。之後契丹軍班師北歸，接著李從珂因自焚而死，這讓石敬瑭得以輕鬆進入洛陽，並於翌年遷都開封。

割讓燕雲十六州

作為契丹派兵援助的謝禮，石敬瑭將燕雲十六州割讓給契丹。自此契丹將中國本土的北邊地區納入統治，此舉造成華北藩鎮體制完全遭契丹接收。除此之外，石敬瑭還認了比自己年少的堯骨為父親，締結擬制親族關係，並彼此承認對方的皇帝，互以北朝、南朝相稱。後晉每年致贈契丹三十萬匹絹，兩國間也開始遣使往來，且進一步明確劃定燕雲十六州南部的國界，明令禁止接收來自對方的逃亡者。這些規定皆成為十一世紀初契丹與北宋間澶淵之盟的參考，具有相當重要的意義（參見第三章）。

如前所述，十世紀初明顯出現人口從

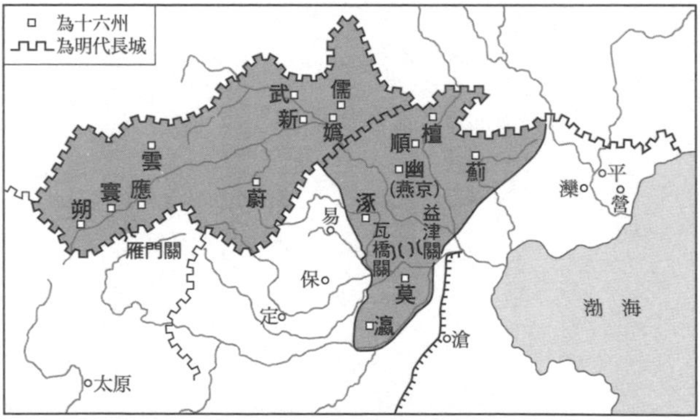

圖 13　後晉割讓給契丹的燕雲十六州

華北移入契丹統治的蒙古高原南部，後因後晉的親契丹政策，更讓南北雙方的人與物資頻繁交流。其證據就是此時期契丹風格的馬具、武器、服裝等都被華北人士視為瀟灑物品，廣受愛好與流行。可以看出契丹的威武在華北引起一陣熱潮。

石敬瑭的後晉政權並不穩固，各地有力藩鎮叛亂頻仍，國內紛亂不已。他即位僅五年餘便過世，之後後晉政權改採強硬路線，與契丹對立且打算清算之前的從屬關係。結果，西元九四六年冬堯骨再度出兵遠征中原，一口氣滅掉後晉。隔年正月，堯骨進入開封，在宮殿中接受後晉百官的朝賀。堯骨在此宣布以「大遼」為國號，年號「大同」，宣言將一統中原。然而駐留中原的契丹軍凌虐殘暴，導致當地居民激烈反抗，占領開封僅三個月後眼見無法長期統治，堯骨只能由中原向北退回，且病逝於歸途中，讓契丹統治中原成為一場泡影。

堯骨死後，圖欲的長子兀欲在契丹遠征軍中即位（遼世宗，九四七—九五一年在位）。兀欲帶領著遠征軍回到契丹根據地時，與由應天皇太后率領、不承認他登基的留守軍隊發生對峙。最終雖然迴避了軍事衝突，但皇太后也因此失勢，被幽閉於阿保機陵寢祖陵附近的祖州，此次衝突由兀欲取得全面勝利。

後周勢力的壯大

在契丹侵略造成的混亂中獲利的，是在太原任河東節度使的劉知遠（八九五—九四八年）。他出身沙陀族，自父親一代便開始任職李克用軍團的武官，原本是石敬瑭的親信。劉知遠在太原靜觀契丹侵略所造成的混亂，待契丹退兵後趁機進入開封城，即位稱帝，建國號為漢（後漢高祖）。但劉知遠不久身亡，建國三年後的九五一年由禁軍將領郭威（九〇四—九五四年）取而代之，建國號為周（後周太祖）。

郭威是生於河北長於太原的漢人，年輕時投身軍旅，乃潞州（山西省長治）藩鎮部隊的兵卒。之後被李存勗的禁軍吸收成為軍官，又在石敬瑭帳下獲得劉知遠的知遇之恩，待後晉成立後他成為劉知遠心腹並隨其前往太原。郭威是個從一介兵卒幹起，一路往上爬，最終打入沙陀軍團中樞並嶄露頭角的武人。

郭威即位後，時任河東節度使的劉知遠胞弟劉崇（即位後改名為旻，八九六—九五五年）不承認後周，自己在太原即位，宣布延續劉知遠建立的漢王朝。只是他的統治範圍僅限於河東一帶，故被稱為「北漢」。面對後周的進攻，劉旻向契丹求援，並接受契丹皇帝的冊封成為皇帝。契丹與北漢的關係宛如契丹與後晉關係的重現。之後大約將近三十年期間北漢一直與河南政權（後周、北宋）對抗。如果追溯其淵源，這可算是沙陀聯盟所屬軍事集團間的抗爭，爭奪的是誰才具備正統性。對此，北方的契丹承認北漢才是沙陀王朝的正統。這種分據

圖 14　後周末期的中國

河南、河東的政權分成南北對抗的局勢，又重現了唐朝滅亡後華北常見的政治結構。

郭威在位僅三年即病逝，由其養子同時也是郭威皇后姪子的柴榮（九二一—九五九年）繼位（後周世宗）。北漢皇帝劉旻聞訊認為此乃良機，乞契丹援軍數萬大舉南侵。對此柴榮親自率軍迎擊，於高平（山西省高平）激戰後大破北漢、契丹聯軍。此時形勢一口氣逆轉，柴榮趁勢進攻北漢都城太原，但最終未能攻陷。

在高平經歷苦戰的柴榮，看出隨行禁軍中混雜許多老弱殘兵，遂對禁軍進行徹底改革。具體來說，他對於過往既存的侍衛親軍先淘汰老弱，在強化之際也自全國各地挑選精銳，編入作為新禁軍的殿前諸班，以充當皇帝身旁護衛。最終禁軍獲得顯著強化。此時負責禁軍改革的，就是於高平會戰中立下汗馬功勞的趙匡胤（九二七—九七六年）。

在經歷對北漢的苦戰後，柴榮先把矛頭南指，向統一中國的宿願踏出步伐。他首先著眼於隴西秦州（甘肅省天水）等地，因該區能提供四川後蜀政權軍馬，具有重要戰略意義，故柴榮於九五五年發兵奪取此一區域。接著再發兵攻擊江南的南唐，柴榮數次親征，花了三年時間，終於在九五八年奪取南唐長江以北的國土。此時，掌握淮河下游沿海地區最大產鹽地的後周，之後面對南方諸國時便占有戰略上的優勢地位。

翌年柴榮以奪回幽州為目標，終於發兵遠征北方的契丹。柴榮親率水軍經運河北上，抵達益津關（河北省霸州）、瓦橋關（河北省雄縣）這兩處位於華北平原北部濕地的國境地帶時，幾乎沒有戰鬥便獲取該地。最終此些關隘之南的「關南」三州十七縣（燕雲十六州中的瀛州、莫州，以及契丹新設的寧州）〔參見圖13〕盡被後周收入版圖。柴榮接著繼續朝幽州進軍，但行軍中卻病倒，結果後周軍隊往南撤兵，回到國都開封後不久，柴榮身亡。

北宋建國與契丹

柴榮死後，其子尚年幼，九六〇年正月，新被任命為禁軍總司令，亦即「殿前都點檢」的趙匡胤假造契丹與北漢聯軍來犯的情報，當他集結精銳部隊出發迎擊時，於開封東北的陳橋驛被部將黃袍加身擁立為帝。陳橋兵變後，趙匡胤登基稱帝，北宋肇建，是為宋太祖（九六〇—九七六年在位）。趙匡胤之父趙弘殷為李存勗禁衛軍團的漢人武官，趙匡胤自己則屬郭威軍團，立下許多戰功受到柴榮信任，之後掌握了禁軍的核心部隊，並憑藉此優勢稱帝。雖然改朝換代國號由周改為宋，然而北宋政權仍襲自後周，因此兩王朝間明顯存在連續性。柴榮與趙匡胤皆在隸屬沙陀聯盟的武人郭威麾下任職，期間被打造為武將。這層關係的起源可以一路追溯到以李克用軍團為嚆矢的一連串沙陀王朝相關軍事勢力。此外，至北宋初期為止，軍事指揮官中仍有許多漢人之外的民族，包括承擔部分沙陀軍團事務的粟特人，此點也可看出宋初仍與以游牧民族軍團為主體的沙陀軍團保持著明確的連續性。這也是方才提及至北宋建國為止，包含北宋之初的一系列政權皆可視為沙陀系王朝的原因。

宋太祖繼承柴榮遺志，於建國後第四年正式展開統一中原的工作，首先針對軍事上較易對付的南方諸國出手。九六三年平定長江中游的荊南與舊楚國的湖南。接著揮兵四川，九六五年攻滅後蜀。之後劍指沿海地區，九七一年平定廣東的南漢、九七五年平定江南大國南唐。翌年北宋遣兵對北漢展開大規模進攻作戰，然而北伐軍隊尚在推進途中宋太祖卻突然死亡，後繼者太祖之弟趙光義（太宗）下令撤兵，留下了太祖統一中原的未竟之業。

後周世宗與宋太祖二人能順利推進統一戰爭，原因除了面對南方政權時具有軍事上的優勢外，能避免與北方強敵契丹發生衝突也是關鍵之一。當然，堯骨死後契丹國內政局便持續陷入混亂，也是促成此種局面的要因。堯骨的後繼者兀欲（遼世宗，漢名耶律阮）在即位僅四年後的西元九五一年旋因政變遭殺害，接著由堯骨長子述律（遼穆宗，漢名耶律璟，西元九五一—九六九年在位）繼位。述律在位期間的前半段，面對接連不斷的皇族叛亂與內亂，導致他精神狀態不佳，常因瑣事暴亂行刑濫殺近侍，最終於西元九六九年遭近侍所弒。

述律之後由兀欲之子明扆（遼景宗，漢名耶律賢，九六九—九八二年在位）繼位，之後契丹皇位便由圖欲的血脈繼承〔參見圖11〕。明扆必須收拾國內混亂態勢，故以穩定內政為優先，對外並無餘力採取強硬政策。面臨內政問題的契丹與即將進攻南唐的北宋，在維持彼此和平此點上雙方利害關係一致，因此九七四年兩國間首次達成和談。誠然此際兩國和平關係僅持續五年，但兩國皇帝都相互承認對方皇位，表現出對等的關係。這種關係在三十年後雙方締結澶淵之盟時也成為參考的前例。

第二章

澶淵之盟與多國體制

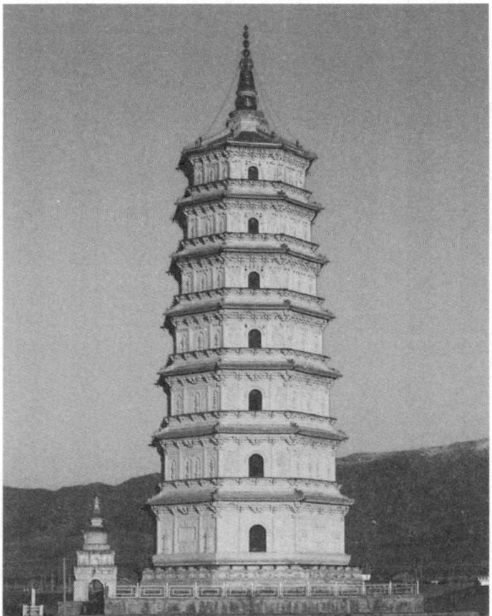

契丹慶州白塔（內蒙古自治區巴林右旗），1031 年創建。

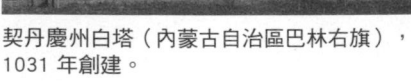

一、邁向澶淵之盟

北宋初期的軍事體制

北宋也以沙陀系王朝的後繼王朝形式出現在歷史舞臺上，但卻與之前不斷輪替的短命王朝不同，維持了超過一百五十年的國祚。其最大理由，便在於皇帝成功把軍權收回自己手中。

如前所述，北宋建國之前，後周世宗柴榮時代已新設禁軍精銳部隊「殿前諸班」，整頓後的禁軍雖有強大戰鬥力，但如宋太祖趙匡胤一般，一旦統帥禁軍的將領權勢過於強大，便有謀反自立之虞。為了不使此種情況再度發生，宋太祖採用心腹大臣趙普（九二二—九九二年）的獻策，推動一連串兵制改革。

首先，趙匡胤即位後不久，即解除後周政權時期與自身並列的禁軍將領手中兵權，改安插自己的心腹大臣統領。之後又解除殿前諸班的指揮官「殿前都點檢」，及「侍衛親軍馬步軍都指揮使」以下的軍事將領軍權，且皆缺官不補。這使禁軍由原本的殿前諸班、侍衛親軍兩套系統分散成殿前都指揮使司（殿前司）、侍衛親軍馬軍都指揮使司（侍衛馬軍司）、侍衛親軍步軍都指揮使司（侍衛步軍司）三個系統，彼此無上下從屬關係且呈現相互牽制之局面，日後稱之為「三衙」。除此之外，趙匡胤也禁止禁軍將領培養稱為牙軍的私人部隊。宋太祖時代禁軍約有二十萬人，其中十萬駐紮國都開封及其周邊，餘下十萬則屯駐各地，且最精良的部隊都集中於國都，由太祖自行掌控精銳部隊。

地方軍隊部分，從宋初對周遭的國際情勢來看，北方面對北漢、契丹的邊防部隊最為重要。奉命前往駐守邊疆國境的節度使、防禦使、兵馬都監、巡檢等武將，雖賦予他們稱為「便宜行事」的自由裁量權，且享有自由使用鹽專賣收益的特權，但麾下軍隊係以中央禁軍為主體，與唐末五代藩鎮不同，不再擁有私自的牙軍。

另外，唐末五代藩鎮體制下的稅制，包含兩稅法在內的地方稅收分為兩部分，一為藩鎮或各州（及藩鎮下支州）留用者（留使、留州），一為上繳朝廷者（上供）。其中拒絕繳交上供的藩鎮不在少數。北宋建國後制度一改，地方稅收全數歸中央政府統轄，除極少部分必要經費外，其餘全須上繳朝廷，導入了集權式的財政制度。

簡要言之，雖然負責邊防的將軍們在軍事、財政方面仍被賦予一些特權，但已不再像唐末五代藩鎮般可任意而為，不受中央政府管制。

宋太宗的北方遠征

如前所述，九七六年，宋太祖五十歲時突然過世，年紀小太祖一輪的弟弟趙光義即位（宋太宗，九七六—九九七年在位）。此次皇位繼承事出突然，自古便流傳燭影斧聲、宋太宗弒兄奪位的臆測，但真相仍舊不明。之後北宋帝位便由太宗一系的子孫繼承。

面對宋太祖信任的節度使，宋太宗即位後重用心腹之臣而解除他們的兵權，且將藩鎮轄下的支州全數改為直屬中央，從根本拔除藩鎮權力，強化皇權。北宋前期採取多種集權政策，詳情請參考本叢書第二卷。

宋太宗待自身皇權穩固後，便把目標移向統一天下。即位第三年的九七八年，北宋以政治壓力不戰便接連迫使福建南部漳泉兩府、浙江吳越等政權向北宋朝廷獻土歸降，南方諸國盡收北宋版圖。

九七九年二月，北宋將矛頭北指，準備討伐宿敵北漢，且由宋太宗御駕親征。北漢實際上是契丹屬國，故此番遠征造成契丹、北宋兩國斷交，維持五年的和平至此告終。

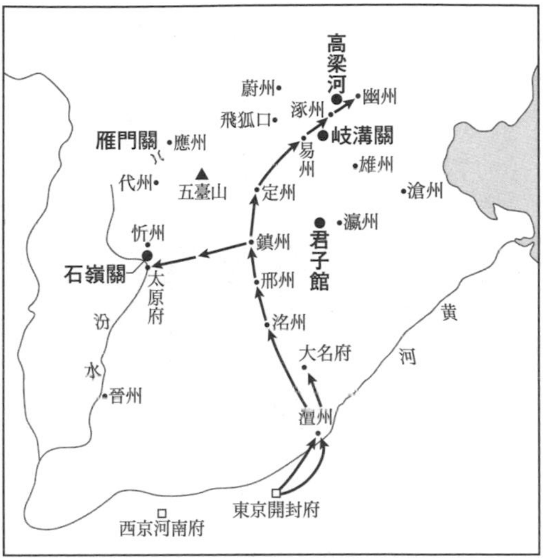

圖 15　北宋太宗的北方遠征

應北漢要求契丹立刻派遣援軍，但宋軍分兵於太原北部的石嶺關截擊，擊退契丹援軍後免除了契丹的介入。之後太宗親立陣前率數十萬大軍包圍北漢國都太原，五月北漢皇帝劉繼元降服，宋軍拿下難攻不破的太原城。北宋終於滅了北漢，將河東（山西省中部一帶）納入疆土。

在太原逗留半個月左右，宋

太宗欲乘滅北漢餘威，接著對契丹進行北方遠征，冀望奪回四十年前被後晉石敬瑭割讓給契丹的燕雲十六州，完成統一中國大業。十餘萬人的北宋軍由太原朝東北進軍，同年六月一口氣急襲幽州（燕京），憑著人數優勢擊退守備的契丹軍，進而包圍幽州城。

契丹見狀立即派遣援軍，在幽州西郊的高粱河與督戰包圍幽州的宋太宗軍隊發生激戰，把主力放在幽州城包圍網的北宋軍慘敗，陣亡者據說達一萬人，保護皇帝的殿前司精銳部隊潰散，宋太宗也受箭傷，趁著夜色乘驢車南逃。

北宋在統一戰爭中的受挫

依然未放棄燕雲之地的宋太宗，於九八六年重新發動大規模軍事行動，目標仍在奪回幽州。宋太宗決定此時遠征北方的背景原因還出在契丹國內情勢。

九八二年遼景宗明扆過世，他年僅十二歲的兒子文殊奴繼位（遼聖宗，漢名耶律隆緒，九八二—一〇三一年在位），朝廷實權由文殊奴的生母承天皇太后蕭燕燕（蕭綽、睿智皇后，九五三—一〇〇八年）一手把持。北宋朝廷亦掌握此狀況，收到的情資煞有其事說明契丹國內因皇太后擅權造成內政不安，加上此時契丹的主力部隊正在東方與女真作戰，北宋看準這個時機興兵北伐。

北宋的北伐軍兵分三路挺進，身經百戰的勇將曹彬（九三一—九九九年）率東路軍十萬，一口氣進攻涿州（河北省涿州）。迎擊的燕京守城部隊人數少於宋軍，面臨必須以少抗多的狀況，守軍遂採取主動出擊策略，襲擾宋軍糧道以待增援部隊前來。受到契丹軍擾亂的東路軍無法確保補給路線，在糧草不足情況下退回雄州補給軍糧，之後再次進兵涿州。但此時契丹增援部隊已抵達並與宋軍展開對峙，宋軍又因補給不足不得不再次後撤，當退至涿州西南岐溝關時遭到契丹主力部隊殲擊，導致宋軍潰敗。接著在同年十二月，承天皇太后親率契丹軍來襲，此次於瀛州（河北省河間）附近的君子館交戰，宋軍以慘敗悲劇收場，並遭契丹軍殲滅數萬人。

北宋的兩度北伐遠征皆為趁對手防禦較弱時，派出以騎兵為主的大軍突擊、急襲幽州（燕京）的閃電作戰，這種作戰方式最重要的便是在平原上進行野戰，正面衝擊挑戰對方。北宋軍隊使用的戰術、戰法原本是李克用以來沙陀軍團最擅長的，由此明確可見北宋軍隊的戰鬥文化承繼自沙陀軍團，且與之密切相關。然而，面對同樣善於騎射與富於機動力、以游牧騎兵軍團為主力的契丹軍，其功效仍然有限。最終結果便是暴露出自身弱點的北宋軍隊遭遇毀滅性的敗北。

如此，宋太宗兩度北伐遠征皆以徹底失敗告終，北宋依然無法收復燕雲地區。宋太宗宏大的願望就此煙消霧散，北宋的統一中國大業在未能完成的情況下便告結束。

契丹的南侵

三年後（九八九年）契丹又透過奪回易州（河北省易縣）等一連串的軍事行動，使自身擁有對北宋的戰略優勢。於此同時因九八六年二度北伐慘敗，北宋朝廷籠罩著一股恐懼感，放棄了此前的積極戰略，只專注於加固防禦工事。北宋的「都部署」原本是臨時派任的遠征軍指揮官，此時仍未撤除，且照樣保留下來繼續負責防禦北疆，也因為對契丹戰爭的失利，北宋朝廷還更加廣設此一官職。如此，於邊防要地配置以都部署為首的官職，下尚轄有部署、鈐轄、都監、巡檢等官職，各自管轄禁軍，相互合作以備契丹侵擾，建構出一套新的防衛體制。這是根據唐末五代的節度使遺制改革並取而代之的邊防體制。

之後契丹屢屢入侵北宋領土，而北宋則採取固守城池、「堅壁清野」的政策堅忍，雙方間並未發生足以改變現狀的決定性戰役，基本上一直維持兩國軍隊在國境上互相試探的情況。

一〇〇四年，該情勢發生重大改變。此年閏九月，承天皇太后與遼聖宗文殊奴率領契丹大軍大舉進犯北宋領土。在過去幾年時間，契丹軍逐漸對北宋展開正式攻擊，在數度入侵中已經熟知北宋方面的邊防情況。除此之外，北宋西北還面臨李繼遷率領的西夏黨項勢力抬頭，持續侵擾西北邊疆（後述）的局勢，契丹也看準北宋部分邊防部隊向西分兵防禦的良好時機。

契丹軍放棄攻擊北宋強加固守的河北北疆重要城池據點，繞道華北平原長驅南下。契丹軍自燕京出發兩個多月後的十一月，抵達黃河渡口的澶州（河南省濮陽）。若突破此處，距離南方的北宋國都開封將僅有一百多公里的距離。

此時接續宋太宗之後繼位的北宋第三代皇帝宋真宗趙恆（九九七—一〇二二年在位）朝廷，在得知契丹軍的攻勢後朝野震動，朝中不僅出現遷都南方的議論，還獲得多數大臣認同，此時宰相寇準（九六一—一〇二三年）力諫，請猶豫不決的真宗皇帝御駕親征，直接與契丹軍對峙。最終宋真宗依照寇準的建議，率軍離開開封抵達澶州，渡過黃河。如此一來，雙方皇帝率領的兩軍形成對峙局勢。

締結澶淵之盟

此時，當宋真宗對契丹提議講和後，契丹的承天皇太后也不願戰爭長期化，決定和談方為最佳策略。如此一來，兩國間透過使者往來進行和談交涉。交涉過程中，北宋雖然拒絕契丹要求之歸還後周世宗奪去的關南之地，但同意每年支付契丹銀兩與絲綢，雙方就此簽署和約。最終兩國皇帝交換被稱為誓書的外交文件，於一〇〇四年十二月締結盟約。因澶州古時稱澶淵郡而稱為「澶淵之盟」，此為史上知名的盟約。

誓書中記載的內容要約如下：一、北宋每年向契丹支付歲幣絹二十萬匹、銀十萬兩；二、位於兩國邊境的前線地方府衙（州、軍）遵守國界規定，禁止人戶侵擾邊境；三、盜賊越境逃亡時，雙方互不隱匿，即刻引渡歸還；四、不侵擾損壞耕地作物；五、過往所築城寨可以修繕，但禁止營造新城寨或開掘河道。

閱讀此誓書內容可理解此乃兩國為避免軍事衝突、維持恆久和平而進行的詳細規範，可明顯看出誓書基本上以抑制戰爭為著眼點。

親族稱謂	北宋皇帝(生歿年)	契丹皇帝(生歿年)	親族稱謂
兄	真宗(968-1022)	聖宗(971-1031)	弟
姪	仁宗(1011-1063)	聖宗	叔
兄	仁宗	興宗(1016-1055)	弟
伯	仁宗	道宗(1032-1101)	姪
兄	英宗(1032-1067)	道宗	弟
姪	神宗(1048-1085)	道宗	叔
姪孫	哲宗(1076-1100)	道宗	叔祖
姪孫	徽宗(1082-1135)	道宗	叔祖
弟	徽宗	天祚帝(1075-1128)	兄

北宋、契丹皇帝擬制親族關係之變遷

此外，澶淵之盟締結後經過大約四十年的一〇四二年，契丹趁宋與西夏交戰之際索要土地，兩國因此重新交換誓書（後述）。此時的新誓書除了再度確認一〇〇四年的和約內容外，還追加了以下的條款：一、歲幣增加，成為絹三十萬匹、銀二十萬兩；二、禁止擴建蓄水池；三、禁止北宋沿河北國界、契丹於古北口（北京市密雲東北）以南國境區域的駐紮部隊增員，若遇有事必須增員則須事先通知；四、拘留越境逃亡者後不得擅自釋放。

新追加的條款與澶淵之盟同樣都著眼於抑制戰爭，為了維繫和平添加了更縝密的規定。

所謂誓書，在形式上會在末尾附上一段誓約文句：質於天地神祇，告於宗廟社稷，子孫共守，傳之無窮。有渝此盟，不克享國，昭昭天鑒，當共殛之。言明兩國皇帝向神明起誓互相遵守所記內容，故稱之為「誓書」。

除上述誓書可見的規定外，還制定了：兩國皇帝保持擬制親族關係；每年定期交換使節團；在國境附近開設官定交易場「榷場」，以管理雙方貿易等條件。

此時約定的擬制親族關係以年長的北宋皇帝（真宗）為兄，年少的契丹皇帝（聖宗）為弟。必須注意的是此種親族關係是可變動的，以此二人之兄弟關係為基準，決定日後兩國歷代皇帝間的親族關係（參見上頁表格），這意味著兩國在名分上完全處於對等關係。沒有血緣關係的人約為親子或兄弟，此種擬制親族關係的締結（有關安祿山軍團與沙陀軍團的擬制父子關係請參見第一、二章），包括中國漢人、內亞突厥及蒙古系或通古斯系的狩獵游牧民族在內，於歐亞大陸廣大範圍內的社會中起到與通婚關係相同的、強力連結人與人或家族與家族間關係的功能。王朝之間締結政治性同盟關係時也利用擬制親族關係一事，可視為這種習俗的延伸。

澶淵之盟帶來的結果，使兩國皇帝互相承認對方為對等的皇帝，保持兩人分「天下」而治的共識，為此兩國間普遍稱契丹為「北朝」、北宋為「南朝」。生活於契丹、北宋和平共存時代的人們，即把彼此當作「南北朝」來認知。

不過，對於澶淵之盟中契丹與北宋兩國的對等關係仍應有所保留。因為這是在契丹對北宋進行軍事侵略下才訂定盟約，實際上契丹較北宋更居於上位，這點不容忽視。從北宋輸歲幣給契丹的事實，以及北宋皇帝率先製作、提出誓書的交換程序中，皆可明顯看出此點。

盟約的起源與意義

澶淵之盟訂定的盟約內容與交換盟約的形式，過往歐亞大陸東方王朝間即已存在。例如西元八世紀後半至九世紀前半唐朝與吐蕃的關係也相類似，透過第一章中介紹的唐蕃會盟碑即可得知，兩王朝是站在對等關係上，為了抑制戰爭而締結盟約。

如同近年研究所闡明的，澶淵之盟中出現的贈與歲幣、遵守國境規定、送還越境逃亡者、交換使節、設定皇帝間的擬制親族關係等做法，可以追溯到十世紀契丹與後晉的關係，其中一部分甚至可以上溯到耶律阿保機與沙陀李克用兩位首領於雲州會盟為止。不僅如此，西元九七四年契丹與北宋間最初成立的和平關係，即便未曾交換誓書，但在兩國皇帝彼此處於對等關係這點上仍是澶淵之盟的直接先例，此部分已如前述。換言之，澶淵之盟的內容並非全新創制，而是在依循前例的基礎上建構而成。

不過，與十世紀契丹及沙陀系王朝間不穩定的關係不同，澶淵之盟以後契丹與北宋以對等南北二王朝的關係，確立、維持了超過一百年安定和平的共存體制，此點仍然具有劃時代的意義。偶爾雙方會因西夏勢力的抬頭（後述）或國境問題的紛爭而出現齟齬，但皆在兩國反覆努力交涉下獲得解決。至十二世紀前半為止，雙方從未發生過正式的交戰。

契丹、北宋間的「澶淵體制」

那麼，足以維持契丹與北宋兩國間超過一百年和平共存的機制，究竟為何？

首先第一點即是，兩國都努力遵守誓書內容。兩國朝廷皆依照誓書嚴格約束邊境的前線地方府衙及駐紮部隊。特別具備重要意義的是遵守國境約定。位於華北平原的東部國境主要以河川為界，國境線相對明瞭。但太行山脈西側大多位於山麓地帶的西部國境一帶，當初雙方雖然設計了緩衝地帶，但仍留下模糊空間導致日後紛爭不斷，為此兩國官吏互相合作終於劃定所有國界並立下界壕（表示國界的牆垣或壕溝），或堆石以為標誌，使國界可一目了然，並記錄於文書與地圖上。沿國境部署的兩國邊防部隊確實遵守誓書中禁止越境的規定，鮮少出現侵犯國境的狀況。

第二點是，兩國政府藉由文書交換進行緊密的聯絡。平時的兩國間交涉係透過國境附近雙方的前線地方府衙進行文書交換。小的案件由這些府衙互相聯繫處理，重要案件需仰賴中央指示者，內容則透過文書傳達來解決。如果是連這種方式也無法解決的重大案件，便相互派遣使者，在朝廷上進行特別交涉。

也就是為了解決問題，兩國間準備了各種不同層級、能夠反覆交涉的機制。

第三點，每年元旦與聖節（皇帝生日），兩國皇帝間（根據不同時期有時是皇帝、皇太后間）會派遣稱為國信使的使節。國信使前往對方國家的朝廷晉見皇帝行禮，同時利用遞交國書及口頭宣旨作為兩國皇帝溝通的媒介，並且也參加對方朝廷元旦、聖節的祝賀宴席。國信使如此透過每年參與這類儀式起到維持、更新兩國友好關係的作用。百年之間每年都有一百人規模的使節團數次往返，踏循超過一千公里的路程前往對國朝廷〔參見圖16〕。這種定期的使節往來也出現在契丹與高麗、西夏之

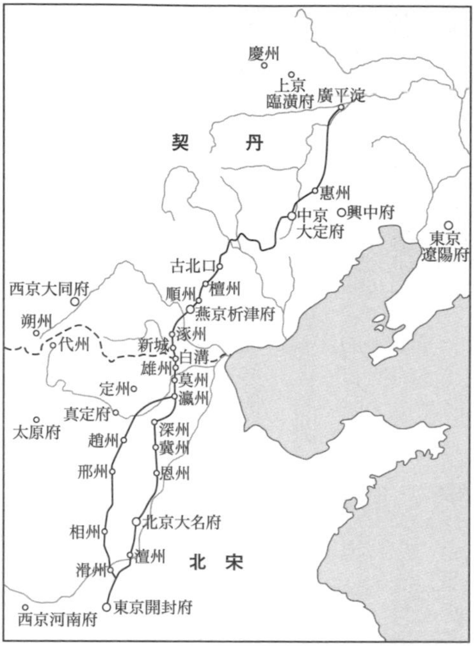

圖16　契丹、北宋間國信使的行程

間，以及北宋與高麗、西夏之間。到了十二世紀則是在金朝與南宋、高麗、西夏之間施行。多個王朝共存的時代同時也是歐亞大陸東方使節團往返非常頻繁的時代。

第四點，北宋每年支付契丹的歲幣強化了兩國間的經濟連結。乍看之下歲幣金額龐大，其實對江南經濟持續獲得長足發展的北宋而言，稱不上太重的負擔。加上北宋以歲幣名義贈與契丹的銀與絹，契丹又會拿到榷場支付購買來自北宋的商品（香藥、犀牛角、象牙、茶、絹、漆器、米、銅錢等），流回北宋這方的金額不在少數，這也說明歲幣在促進貿易上發揮了效果。

以上說明關於澶淵之盟與其制定有關維持和平的規定，這些兩國站在對等地位為了共存而形成的制度，筆者稱之為「澶淵體制」。將如後文所述，一直到十二世紀歐亞大陸東方的王朝間盛行結盟，呈現出可稱之為「盟約時代」的景況。澶淵之盟成為日後歐亞大陸東方王朝間關係的基礎模型，其影響力不可謂不大。

二、黨項西夏的抬頭

黨項的興起

十世紀末至十一世紀，契丹與北宋之間出現第三股勢力，那便是在歐亞大陸東方捲起旋風，名為黨項的游牧集團以及他們所建立的西夏國。

黨項原本是生活於西藏高原東部（從今日四川省西北部至青海省一帶）山間的西藏系游牧民族（漢語稱之為「羌」）。文獻史料中可以確認自六世紀末的隋至唐初時期已然存在，中文記之為「黨項」。七世紀吐蕃王朝興起後，除了一部分從屬於吐蕃，其餘黨項人為了避開來自吐蕃的壓力而朝東北方遷徙，分布在今日從陝西、甘肅、寧夏至鄂爾多斯地方為止的區域。八世紀中葉此區域納入唐朝統治下，如第一章所述，黨項成了河西、隴右、朔方節度使麾下的軍事力量之一。

發生安史之亂時，河西、隴右因遭吐蕃侵略，此區黨項人遂往更東方移動，使得八世紀末至九世紀的陝西北部、鄂爾多斯一帶多個黨項部族形成聯盟。其中，以鄂爾多斯南部夏州（陝西省靖邊）為中心拓展勢力的平夏部落成為聯盟核心，其領袖拓跋思恭（為標榜身為北魏後裔自稱以「拓跋」為姓）因在鎮壓黃巢之亂時立有戰功，九世紀末唐朝任命他為定難軍節度使，賜姓「李」。待唐朝覆滅，此部落即在鄂爾多斯南部至陝西北部一帶活動，實際上形成了獨立政權。本書中將把以夏州為根據地作為西夏建國主體的黨項政權稱為「夏州黨項」。在因吐蕃強盛與安史之亂之契機而東遷至中國本土北方的游牧集團，以及因鎮壓黃巢之亂而興起等特點上，夏州黨項的發展步伐與沙陀多有相似。

十世紀歐亞大陸東方的契丹與沙陀興起時，夏州黨項在中間持續維持獨立。十世紀後半北宋開國，因為夾著黃河同樣東鄰北漢這個共通敵人，夏州黨項也與北宋合作。北宋太宗出兵攻滅北漢時，夏州黨項也曾派兵支援。

居住於鄂爾多斯至代北一帶，稱為黨項的游牧民族集團在政治上並未統一，也非全數朝夏州黨項合流。一些部落接受契丹統治或從屬於沙陀系王朝及北宋，負責對夏州黨項、西夏及契丹的邊防。從屬北宋的黨項人中擔任要職的有府州（陝西省府谷）折氏與豐州（陝西省府谷北部）王氏（藏才族），為了答謝他們擔任邊境防務，北宋政府特例准許他們世襲知州一職，身為一支部落集團一直維持自身的完整。

李繼遷的奮鬥

九八〇年，夏州黨項首領李繼筠過世，其弟李繼捧（九六二—一〇〇四年）嗣位，但族內興起許多反對聲浪並導致激烈內亂，九八二年李繼捧放棄內部陷入紛亂的夏州黨項，將自己所管轄的四州八縣獻給北宋，自己也移居開封，部分族人追隨他前往北宋都城，夏州黨項陷入非常狀態。對北宋而言，李繼捧的歸順乃絕佳良機，可以藉此平定百年來維持獨立狀態的夏州黨項。

然而李繼捧的族弟李繼遷（九六三—一〇〇四年）抱持不同看法，留在鄂爾多斯一帶並聚集黨項集團，對北宋舉起反叛大旗。如前所述般，此時契丹與北宋激烈對立，九八六年看準北宋攻擊契丹的時機，李繼遷遣使至契丹求援，契丹任命他為定難軍節度使，准許他統治夏州一帶。之後在他不斷請求下，九八九年獲得契丹公主下嫁，因此與契丹關係更為緊密，契丹於翌年賜予李繼遷「夏國王」的稱號。

李繼遷利用當時契丹、北宋對立的國際情勢，一方面接受契丹的庇護，一方面偶爾對北宋詐降，但絕大多數時間皆採取反覆攻擊北宋的策略。之後他擊潰依附北宋的黨項集團，逐步擴大自身勢力，夏州一帶逐漸歸於李繼遷統治，九九四年甚至迫使北宋不得不摧毀並放棄李繼捧投宋時作為前線基地建立的夏州城。

九九九年，當契丹正式開始侵略北宋時，李繼遷以配合契丹的形式破壞與北宋締結的停戰協定，強攻北宋。接著他將矛頭西指，一〇〇二年攻陷北宋西北邊境的據點城市靈州（寧夏回族自治區靈武），定都於此並改名西平府。李繼遷將國都定在黃河上游連結河西走廊與華北交通要衝的靈州，目的是要進取河西走廊。當時的河西走廊自東至西先有涼州（甘肅省武威）被稱為「西涼府六谷」的吐蕃系政權，接著在甘州（甘肅省張掖）、肅州（甘肅省酒泉）有蒙古高原北部回鶻遷居來的甘州回鶻汗國，在沙州（甘肅省敦煌）、瓜州（甘肅省瓜州）有漢人軍閥曹氏的歸義軍節度使政權等，呈現諸政權林立的狀況。翌年李繼遷趁勢進攻西涼府六谷，然而一度降服的六谷重新發動奇襲大敗李繼遷，他因此役負傷於隔年去世。李繼遷的野心至此破滅。

經過李繼遷超過二十年以上的奮戰，讓鄂爾多斯南部至陝西北部一帶的黨項集團部落聯盟復甦並取得成長，在此基礎上他又將據點移至靈州，穩固了向西發展的立足點。其孫李元昊時得以完成西夏建國，即是建立在李繼遷打造的基礎上。

李德明的對宋和平路線

李繼遷死於非命之後，由其子李德明（九八一——一〇三二年）繼承其業。李繼遷不斷發起戰爭，雖然擴大了黨項政權的勢力，但同時集團內部也顯得異常疲憊，因此李德明做出截然不同的選擇，對北宋採取了和平路線。

契丹、北宋間締結澶淵之盟不久的一〇〇六年，李德明對北宋真宗提出「誓表」，誓言不對北宋用兵，黨項政權與北宋之間出現和平。誓表也是採取對神明起誓的形式，明顯受到澶淵之盟的影響。北宋任命李德明為定難軍節度使、西平王，並且認可在國境交界設立榷場，自此兩國間出現興盛的貿易。之後，李德明時代的黨項政權同時從屬於契丹與北宋超過二十年。

與北宋締結友好關係的李德明，同時仍繼承李繼遷的遺志力圖向河西走廊發展，與西涼府吐蕃及甘州回鶻發生尖銳對立，這也是掌握連結中國本土與中亞東西交通要道之爭。一〇一〇年代，黨項政權曾成功暫時統治過西涼府（涼州），後因甘州回鶻的攻擊再度失去控制權，向西拓展暫時受挫。日後李德明之子李元昊（一〇〇三—一〇四八年）對河西走廊發動遠征，一〇二八年滅宿敵甘州回鶻汗國，占領河西走廊最大綠洲的甘州，四年後更征服了西涼府。幾乎控制住整個河西走廊的黨項政權，藉由掌握東西貿易通道也成功強化了自身的經濟基礎。

李元昊與西夏建國

大約就在西夏掌控河西走廊的一〇三二年，李德明過世，由在西方遠征中立下大功的李元昊（黨項名曩霄）繼任，他原本就反對父親對北宋的和平戰略，李德明死後翌年，北宋雖然承認李元昊繼承定難軍節度使、西平王，但他認為應當自立不該臣屬北宋，並且逐一肅清持反對意見的黨項族守舊派有力人士，集中自己權力，朝建國之途邁進。

李元昊以黨項語「嵬名吾祖」（「嵬名」為李元昊一族黨項語的姓，「吾祖」為君主之意）為君主號自稱，採用獨自的年號「廣運」，將興州升格為興慶府（寧夏回族自治區銀川）並定為國都，實質上建立了獨立的王朝。在此過程中也模仿中原王朝，建構自身的官僚機構任命官僚，除了以黨項為主的非漢人之外，也任命漢人官僚。夏州黨項原本從李繼遷時代就有大量漢人流入，其中也有以顧問身分被拔擢並發揮所長者，在李元昊建國過程中漢人也做出重大貢獻。同時，李元昊本身也穿著黨項自己的君主衣冠，對黨項人發布規定髮型的禿髮令，從外表上強調與漢人的不同。他更進一步以漢字與契丹文字為參考，創造專用於表記黨項語的文字「蕃書」，這便是著名的西夏文字。西夏文字除用於官方檔案記錄外，也用於翻譯中國經書（儒家經典）與佛經，今日仍保存許多時代稍晚的十二世紀以後出土文獻。李元昊的這些施政策略，除為了對抗北宋漢人而明確表現與漢人不同的黨項認同外，應該也參考了建國更早的契丹，以其為範本修改而來。

構築強健的軍事體制乃是支撐建國的砥柱。夏州黨項一直以來皆以黨項游牧部落集團構成軍事核心，李元昊繼承後將版圖擴張到東至鄂爾多斯南部，西至河西走廊，領土內合計共設十八個監軍司，其下掌管各地軍團。黨項族十五歲以上的成年男子皆須接受徵兵，李元昊時代全國總兵力達到近四十萬。此外，他從各地威望部族集結五千精銳，輪流擔任皇帝近側護衛，創立了名為「六班直」的禁衛軍團，此與阿保機設置的契丹「皮室軍」相當類似。李元昊也設立了動用軍隊時必須持有皇帝賜發的銀牌制度，將統御軍隊的權力集中到皇帝一人身上。此制度極有可能也模仿自契丹。

一〇三八年，李元昊決心對北宋發兵，立國號為「大夏」（大白高國），於興慶府築臺、受冊，舉行皇帝即位典禮，改年號為「天授禮法延祚」，宣布建國。此即「西夏」（契丹、北宋等他國對其之稱呼）建國。翌年他遣使北宋國都開封，上表（臣對君提出之文書）於當時皇帝宋仁宗趙禎（一〇二二—一〇六三年在位），說明自己即皇帝位。上表中李元昊提及唐末夏州黨項領袖稱拓跋氏，強調、標榜自己乃為北魏皇帝後裔，藉此主張稱帝的正統性。於此可以看出即便到了十一世紀，當年「拓跋」（Tabgach，漢音稱「桃花石」）的記憶仍舊存在人們心中。

之後，西夏以黨項游牧部落集團的騎兵軍事力量為核心，成為包含吐蕃

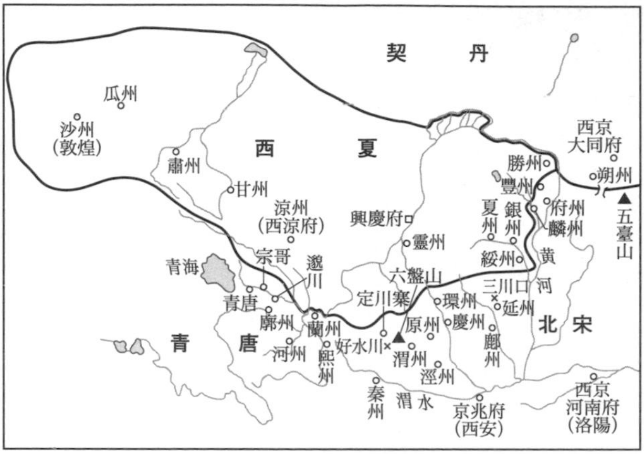

圖 17　西夏的版圖

系、突厥系、漢人等多種族的牧、農複合王朝，至十三世紀初遭蒙古滅國之前存續繁榮了近兩百年（若從夏州黨項興起計算，則超過三百年）。

西夏的對外戰爭

李元昊的稱帝通告，實質上意味著對北宋宣戰。之後兩國也斷交進入全面戰爭，但在此之前，李元昊首先揮兵青海的吐蕃系政權。

當時，如前文所述李元昊攻克西涼府六谷的吐蕃系政權後，青海方面的吐蕃系集團崛起，他們擁戴唃廝囉（Gusiluo，THL 藏文轉寫：Gyalsé，九九七—一〇六五）為領袖，他具有九世紀滅亡的吐蕃王朝君主（贊普）血統。唃廝囉在藏語中為「佛陀之子」的意思，在信仰佛教的藏人心中認為他是佛陀的轉世。唃廝囉從藏西被帶到河州，因為血統上的權威被當地藏人推舉為領袖，並以邈川城（青海省樂都）為中心糾集附近一帶的吐蕃人集團（日後轉移至宗哥城〔青海省西寧之東〕），成立「青唐王國」（青唐吐蕃）。

對攻陷甘州與西涼府的李元昊而言，無論是為了維持河西走廊的穩定，或是為了籌備即將到來的對宋戰爭，西南的吐蕃人集團都是一大威脅。李元昊繼承李德明權力後，很快便從一〇三四年起對唃廝囉的吐蕃政權展開正式攻擊，經過數年的苦戰與多次的遠征，結果不僅造成唃廝囉與他兒子間發生內鬥，也使其吐蕃政權深受打擊進而弱化。北宋為了對抗西夏而打算拉攏唃廝囉吐蕃政權，希望他從背後威脅西夏。但唃廝囉已無餘力。這段期間，李元昊也在一〇三六年消滅九世紀中葉以來一直保持獨立的沙州（敦煌）歸義軍政權，將沙州、瓜州、肅州納入統治，至此西夏完全掌握了河西走廊。

鞏固西境後，李元昊終於在一〇四〇年對北宋發起攻擊。西夏軍首先攻擊東方的延州（陝西省延安），前來迎擊的北宋軍隊在三川口大敗。接著西夏軍將矛頭西指，對六盤山北側、鎮戎軍（寧夏回族自治區固原）之北的三川砦等處實施閃電戰，大敗宋軍。翌年西夏軍經六盤山西麓攻至渭州（甘肅省平涼）附近，接著西夏軍佯裝退兵，北宋軍深入追擊卻在好水川遭敵軍包圍殲滅。這些戰役北宋軍都折損將帥等級的軍人，陣亡者達五、六千人，招致毀滅性的敗北。翌年西夏舉全力進攻鎮戎軍，在定川寨又再度包圍殲滅北宋軍近一萬人。

對西夏戰爭的一連串慘敗讓北宋朝廷震動。李元昊叛宋當初在進攻策略上占有優勢，但北宋見敵我戰力懸殊後，立即改採防守策略，接著在陝西北部的國境地帶自東而西分鄜延、環慶、涇原、秦鳳四路，各路設置統御大範圍軍政的經略安撫使以對付西夏進攻路線，對西夏採取戰略守勢的專守防衛體制。

往後，北宋西北國境地帶為了抵禦西夏入侵，配置了數量龐大的部隊，其數量在十一世紀中葉最高峰時曾超過一百萬人。北宋的軍隊乃募兵制下雇用的傭兵部隊，維持軍隊需要莫大的費用，國防經費在北宋的全國財政支出中甚至占八成。

北宋、西夏締結盟約

一〇四二年定川寨之戰後，兩國開始摸索講和之道。連戰連敗導致國家陷入危機的北宋自然想確保和平，但即便在戰役中數度獲得大捷的西夏也因長期戰爭導致國內財政惡化、軍民疲弊。無論哪一方都不希望戰爭再持續下去。

面對這種情況，率先介入兩國的是契丹。掌握西夏與北宋戰爭情報的契丹皇帝遼興宗夷不堇（一〇三一—一〇五五年在位）於一〇四一年冬，趁北宋陷於苦境之際，集中軍隊於燕京國境做出示威舉動。並且翌年更遣使北宋，除質問為何攻擊西夏外，還將過往交涉澶淵之盟時的要求再次重提，要求北宋歸還關南之地。不願割讓國土的北宋，便在澶淵之盟規定的歲幣額度上，再加銀十萬兩、絹十萬匹作為妥協。最終，契丹興宗與北宋仁宗兩國皇帝交換誓書，再度締結盟約（參見第三章「締結澶淵之盟」小節，一三二頁）。

順利與北宋再度締結盟約的契丹，隔年的一〇四三年遣使勸西夏與北宋議和，大約同一時期北宋與西夏間也開始進行和談交涉。雙方商議一時無法

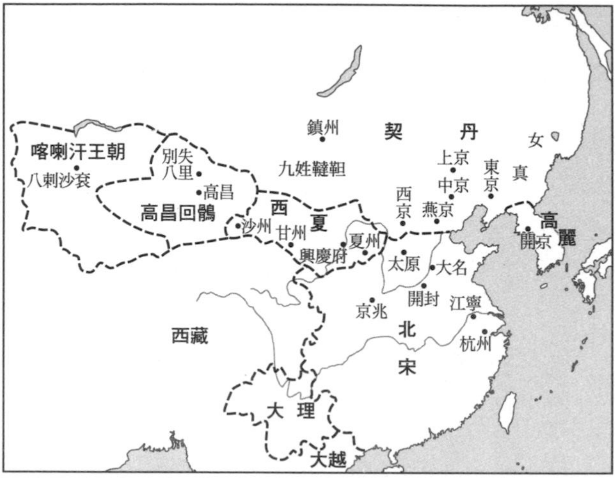

圖 18　11 世紀後半的歐亞大陸東方

達成協議，數度遣使往返，至一〇四四年終於達成協議。最初李元昊雖對北宋採取強硬態度，但最終仍決定承認對宋稱臣。李元昊妥協的理由係因與契丹國界接壤地帶的黨項等游牧集團歸屬問題，導致西夏與契丹關係急遽惡化，因此有必要盡速對北宋議和。

宋、夏兩國間的盟約（慶曆和議）以李元昊向宋仁宗提出誓表，接著仁宗對李元昊發出誓詔的形式成立。其內容包括遣返逃亡者與劃定國界，北宋每年致贈銀七萬二千兩、絹十五萬三千匹、茶三萬斤的鉅額歲賜等。此外，北宋遣冊禮使，冊命李元昊為位階較「夏國王」更高的「夏國主」。此時李元昊雖奉北宋為正朔，名分上臣屬，但其實不僅獲得高額歲賜的實際利益，還讓北宋承認可自行設立官僚系統，且實際上對李元昊在國內自稱皇帝一事也不加過問。簡要而言，這次盟約的締結可以視為西夏實質上獲得北宋承認為獨立王朝。

此外，接受北宋冊命的兩個月前，契丹與西夏之間緊張情勢升高，最終甚至到了契丹的興宗率大軍親征西夏的狀態。契丹軍攻勢深入西夏領土內部，狡獪的李元昊表面上降服，採取邊退兵邊引對手深入的戰術，待契丹軍疲累後再行攻克。之後兩國雖然重新修好，但李元昊死後的一〇四九年，遼興宗再度親征西夏，雙方陷入戰爭狀態。翌年契丹派遣遠征軍後，兩國間展開議和交涉，最終恢復邦交，之後西夏與契丹基本上持續維持友好關係。除了從契丹接受冊封王號並獲得公主下嫁，西夏每年會派遣進奉使（朝貢使節），明確表現臣屬契丹的姿態。

從前文所述中可以看出，西夏興起的一〇四二年，契丹、北宋間再度締結盟約，一〇四四年北宋與西夏最終也訂定盟約，歐亞大陸東方產生了契丹、北宋、西夏三國鼎立的情勢。只是，北宋與西夏雖然締結盟約但關係仍不穩定，依舊反覆發生軍事衝突又再議和，雙方的和議總共締結了六次。另外也將如後所述，北宋也曾想滅西夏而派遣大軍，不過因契丹介入進行仲裁等作為，仍使宋、夏保持雙方勢力均衡，並未出現哪一方足以壓倒另一方的狀況。

如此，到了十一世紀中葉時，歐亞大陸東方並列著契丹、北宋、高麗、西夏、西藏（青唐）、高昌回鶻等國家，雖然偶爾也出現紛爭，但大致上多處於安定並存的狀態。這種數個王朝並存，可以稱之為「多國體制」（德國亞洲史學家福赫伯〔Herbert Franke〕首倡）的狀況，一直維持到十三世紀初蒙古帝國抬頭為止。

三、契丹的情勢與北宋的西北經略

契丹進入蒙古高原

時間稍微往上追溯，先從澶淵之盟締結前後來看契丹的國內外情勢。盟約締結當時，契丹皇帝為聖宗文殊奴，但實際上朝政依然由其母承天皇太后以「國母」之姿掌握。聖宗親政得等到一〇〇八年承天皇太后過世後才開始。

聖宗時代的契丹最初對外採取承天皇太后主導的積極政策，已如前所述，至澶淵之盟締結為止，不斷反覆攻擊南方的北宋。在與北宋對立日深之際，契丹拉攏身為西夏前身的夏州黨項並使對方臣屬於己。

北方的部分，九八〇年代契丹花費數年派遣遠征軍攻打蒙古高原北部的游牧部落聯盟九姓韃靼，征服了其核心部落。如前所述，雖然契丹早期在十世紀初阿保機便曾遠征蒙古高原北部，但卻未能建立長期穩固的統治，至十世紀末契丹才開始正式經營該區。

與締結澶淵之盟約略同時期的十一世紀初，契丹在土拉河流域以鎮州為中心作為軍事據點，建築了數個城郭，藉此開始正式經略蒙古高原中央部分。遼朝鎮州城址的所在地，應該就是日前發現的青圖拉蓋城址（考古上因附近青圖拉蓋山而命名），為城郭南北長一二五〇公尺，東西寬六五〇公尺的大型城寨。近年日本與蒙古的共同考古發掘調查中查明，此處存在類似契丹大本營城郭的城牆與城門結構。城址周遭也發現灌溉水路，推測是文獻中所見的屯田痕跡，可以具體看出一面屯田一面承擔邊防據點任務的史跡。此外，根據考古學研究也確認為了防禦目的，自克魯倫河至土拉河跨河東西建立一連串軍事據點，其北側還建築了一座長城。

契丹這種對蒙古高原的積極經略，除了企圖控制包括韃靼在內的游牧集團外，另一個目標也在確保經蒙古高原中部通往中亞方面的交通要道（所謂的「草原絲綢之路」）。契丹在十世紀早期便與以天山東麓為據點的高昌回鶻締結緊密關係，進入十一世紀後更透過與西方的喀喇汗國往來等做法，和中亞方面保持密切交流。契丹招來回鶻商人，並在大本營的上京設立稱為「回鶻營」的居留地，惟根據十一世紀後半北宋的文獻，回鶻商人活動仍以中京（內蒙古自治區寧城）與燕京為重要據點城市。總之，契丹活用這些回鶻商人，做起與中國本土及中亞的中繼貿易，藉此謀得大量利潤。回鶻商人之中包含了十世紀時融入高昌回鶻及甘州回鶻的粟特人後裔，也就是回鶻中包含了許多應該稱為粟特系回鶻人的組成分子，他們在歐亞大陸的大範圍活動，係承繼自粟特商人的傳統。

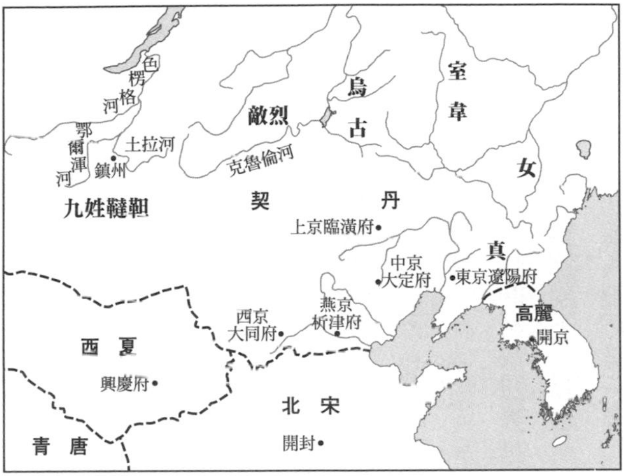

圖19　11世紀中葉的契丹

契丹的東方經略

在契丹東方部分，九七〇年代起舊渤海遺民的靺鞨、女真各集團皆反抗契丹，並出現企圖繞道與北宋聯合的舉動。對此，契丹的聖宗從甫即位的九八三年起一直到隔年為止，派兵遠征鴨綠江下游的女真，接著九八五年再度派兵遠征鴨綠江中游渤海遺民集結的定安國。

之後，東方鄰國高麗發生「康兆政變」，高麗將軍康兆殺死高麗穆宗並擁立王詢為王，是為顯宗。契丹聖宗皇帝趁此機會於一〇一〇年率大軍親征，發動對高麗全面戰爭。此時契丹皇帝親渡鴨綠江一路攻入高麗國都開京，最初獲得壓倒性的勝利，但之後因高麗持續抵抗只能撤軍。此後自一〇一五年起契丹又數度派遣遠征軍，兩國持續交戰。雖然高麗的激烈抵抗讓契丹頗感棘手，但最終於一〇二〇年高麗降服，如過往般繼續臣屬契丹。

一〇二九年渤海人將軍大延琳因契丹政府搜刮日益劇烈，在此背景下率領不滿族人叛亂，於東京遼陽府建立興遼國。遼東一帶發生女真集團追隨大延琳等事態，造成契丹的遼東統治大為動搖。然而，契丹舉全國之力花費一年時間鎮壓叛亂，並令參與叛亂的渤海人遷居上京方面，契丹的遼東統治方得安穩。只是此事件也凸顯渤海遺民難以統治，遼東方面的渤海、女真勢力一直是契丹統治當地的潛在威脅。這個潛在威脅到了十二世紀前半，因金朝建國而成為具體威脅。

如此，聖宗時代的契丹對外推動積極策略，使遠近大小諸國、各部族皆依附追隨，在多國體制下稱霸歐亞大陸東方。對內方面接續父親景宗時代政策，致力穩定內政，透過重新整編麾下游牧部落等方式，更加強化集權統治體系。

契丹後期的政治

一〇三一年聖宗死後，由其子夷不菫（興宗）繼位。興宗一朝，如前所述於一〇四〇年利用西夏興起，成功讓北宋增加歲幣額度，除此之外對西夏進行多次遠征，其中還包括兩次御駕親征，經過相當的苦戰後，最終成功使西夏臣服，繼前代之後興宗在軍事、外交上仍有相當成果。此外興宗也編纂法典、禮書、史書，推動完備制度與典章。漢文典籍被大量翻譯成契丹文也是在此時期。

興宗的後繼者涅鄰（遼道宗，漢名耶律洪基，一〇五五—一一〇一年在位），其治世接近半世紀。對外依舊能誇耀契丹的強盛，但國內接連有亂事，如權力僅次於皇帝的皇太叔（皇帝的叔父）孛吉只（耶律重元）叛亂（一〇六三年）、因寵臣耶律乙辛專權導致懿德皇后（一〇七五年）與皇太子濬遭廢並被暗殺（一〇七七年），以及之後乙辛遭誅殺（一〇八三年）等重大事件，契丹統治高層之間紛亂連連，可以說是個光明與黑暗交錯的時代。一一〇一年道宗過世，被廢的太子濬之子阿果（遼天祚帝，漢名耶律延禧，一一〇一一一一二五年在位）即位，此時契丹表面上繁盛絕頂，但未料竟因女真叛亂，僅僅二十年後便走向滅亡。

契丹的佛教盛行

思考契丹歷史時不可忽略的一點，即是佛教的盛行。契丹從阿保機建國前後的早期階段起，便因與華北頻繁交流而傳入中原佛教，上至皇帝與統治階層，下至平民百姓，無論身分種族皆信仰佛教，已經滲透到社會的各個層面。國內各地多建佛教寺院，今日過往契丹統治地區仍留存許多當時的寺院建築，特別是佛塔建築，足以傳達往昔佛教興隆的模樣（參見本章章名頁照片）。

在契丹，僧俗不問任何人都可受戒的「菩薩戒」非常盛行。菩薩戒指修行中的菩薩為了成為佛陀（此指開悟真理的人）所應遵守的戒律。僅在史料中可確認的即有興宗、道宗、天祚帝三位皇帝從高僧處受戒菩薩戒。其中道宗篤信且保護佛教，是知名的崇佛皇帝，當時的佛教文獻中讚美他為「菩薩皇帝」。道宗在四時捺缽（行宮）時也命高僧隨行，招其入宮帳講授佛教經典，道宗也會親自手持經典說法。以道宗時代為主，契丹後期佛教教學的研究相當興盛，學僧們撰述的著作在燕京大量出版。除此之外，歷代漢譯佛典之集大成《大藏經》也在興宗時代於燕京刊行，以「契丹藏」聞名。契丹佛教教學的主流與北宋佛教流行的新宗派禪宗不同，保持了華嚴、唯識、律、密教等唐代後半的華北佛教的特徵，值得注目的是，實際上這與顯密佛教盛行的同時代（攝關期—院政期）日本佛教有不少類似之處。

這個時代的佛教不僅在契丹，於北宋、高麗、西夏、青唐吐蕃、高昌回鶻等地也非常流行，是多國體制下歐亞大陸東方的共通文化現象（此處加入日本應也無妨）。佛經屢屢跨越國境互相傳播，這種透過佛教的王朝間文化交流具有重要意義。例如，十一世紀後半出身高麗王族名為義天的高僧即前往北宋取回經書，不僅如此他還派使者前往契丹和日本收集佛典，以此為基礎編纂、刊行了《續藏經》。此外，唐代為止以鈔本傳世的大藏經，從十世紀末的北宋開始出現雕版印刷的版本（開寶藏），接著十一世紀前半的高麗（高麗藏初雕本）、前述的契丹（契丹藏）也接連出現，且無論何者皆跨國境流通，這也如實呈現出當時歐亞大陸東方佛教及其交流有多麼隆盛。

北宋後期的西北經略及西夏、青唐

本章的最後將說明十一世紀後半至十二世紀初，北宋對西北方面的西夏、吐蕃等展開的積極軍事作戰。北宋的這些動作與下一章說明的十二世紀前半廢棄澶淵體制以及和金朝進行軍事合作相關，最終金朝滅了契丹與北宋，為歐亞大陸東方帶來巨大的變動。

西元一〇六七年北宋新皇帝神宗趙頊（一〇六七—一〇八五年在位）即位。如前所述，西夏崛起後，北宋沿國境配置了大量的軍隊，龐大的軍費成為國家財政的重擔。神宗即位後，欲改革包括這種財政困境在內的多年國政積弊，提拔王安石（一〇二一—一〇八六年）為宰相，接二連三推動各種「新法」改革。

關於「新法」的詳細內容請參見本叢書第二卷，此處僅簡單整理其目標。變法目的在於重新整理政府財政以圖增強軍事力量，企圖富國強兵，如此可將北宋匡復成能與「漢唐」匹敵的強盛「中國」（恢復漢唐舊境），並力圖推動積極的對外政策。不過，想把刀鋒揮向強大的契丹既不切實際，且堅持澶淵體制又是朝廷既定政策，故將目標訂在打倒長年騷擾宋境的西夏上。為了達成這個目標，王韶（一〇三〇—一〇八一年）獻策指出，首先必須在南側的青唐吐蕃建立橋頭堡，獲得王安石的贊同。西元一〇七二年適逢前述唃廝囉的子孫們陷入對立分裂，北宋藉機派兵遠征青唐吐蕃。北宋成功征服了黃河上游及其支流洮水流域的吐蕃集團，於熙州（甘肅省臨洮）與河州（甘肅省臨夏）等處建立新的州，並創設熙河路〔參見圖17〕。

對北宋而言，青唐吐蕃集團不僅在對西夏戰爭中具備地政學上的重要意義，更是籌措馬匹的重點區域。馬匹在維持軍事力量上為不可或缺的要素，然而北宋的中國本土周遭馬匹產地皆由契丹與西夏掌握，無法自行籌措大量戰馬。為了解決此一問題，北宋著眼於居住在六盤山、隴山一帶至青海區域，包含青唐吐蕃在內分布廣泛的西藏集團。神宗政權的新法政策中相當重要的一環即設置「都大提舉茶馬司」此專職機構，負責利用四川茶葉專賣（榷茶）收益向吐蕃集團購買馬匹，透過這套機制每年成功籌得一萬五千頭的良質戰馬。

加上到十一世紀中葉以後，突厥系的穆斯林王朝喀喇汗國將于闐納入治下，來自于闐的商人或回鶻商人等在青唐城建立據點，藉朝貢名義進行交易，頻繁往來北宋國都開封。青唐之地成為既可以避開西夏領有的河西走廊，又能連結中國本土與中亞進行長距離交易的路線中繼站，因此繁榮一時。

因成功設置熙河路而鞏固信心的神宗，緊接著於一〇八一年趁西夏國發生內亂，夏惠宗李秉常遭幽禁之時進攻西夏領土。這次原本計畫直擊靈州消滅西夏，因宋軍大敗而告終。宋神宗翌年再度遠征，但在鄂爾多斯南方的永樂寨超過兩萬人的宋軍卻遭西夏軍包圍殲滅，北宋徹底慘敗。宋神宗的積極外交政策頓時受挫。

圖 20　李公麟〈五馬圖〉（東京國立博物館）描繪 1086 年由于闐經青唐納貢於北宋的馬。

宋神宗過世後的北宋政局，在繼承他新政路線的新黨與反對新政的舊黨之間震盪。神宗之子哲宗趙煦（一〇八五—一一〇〇年在位）九歲即位，由高太皇太后執政，任用司馬光為宰相，一旦舊黨掌握政權便悉數推翻之前的新政，甚至放棄了新版圖熙河路。之後哲宗開始親政，表明紹述[6]，重啟積極的對外政策，攻擊青唐，一〇九九年溯湟水流域而上占領青唐城。之後徽宗趙佶（一一〇〇—一一二五年在位）即位，繼承新法路線，再度派遠征軍前往青唐。一一〇四年北宋滅青唐吐蕃政權，在當地改行州縣制。

對契丹與西夏戰爭連連失敗的北宋，神宗至徽宗的青唐戰爭是北宋對外戰爭中首次獲得軍事上的成功。然而此時的成功燃起了徽宗的野心，之後面對女真（金）的興起，徽宗更推動積極政策，終於背棄與契丹的盟約。為了完成統一中國的未竟宿願，打算與金合作收復幽州（燕京）。然而這也成為北宋滅亡的遠因，最終導致靖康之變亡國。神宗時代採取包含經略熙河路在內的對外積極策略是一個重大的轉捩點，成為北宋滅亡及給歐亞大陸東方帶來劇變的遠因。

6 繼承之意。特指宋哲宗對宋神宗施行新法的繼承。

第四章 金（女真）的霸權

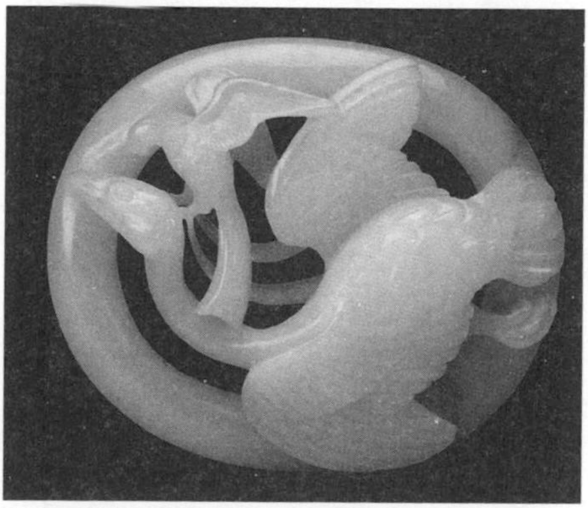

春水（春捺缽）以鷹獵為主題的玉帶環

一、女真的興起

「東夷」的系譜

十世紀起契丹在歐亞大陸東方的霸權，以及十一世紀初澶淵之盟以來的契丹與北宋和平共存，至十二世紀初迎向終結。這肇因於契丹東北邊境一帶名為女真的集團勢力迅速抬頭。

女真，以日後建立清朝（大清國，滿洲語 daicing gurun）的滿洲族前身而聞名。在語言學的民族分類中屬於廣泛分布於東北亞的通古斯語系民族（使用通古斯系諸語言的各種民族）。包含女真在內的東北亞各集團，自古就在中國王朝的中文文獻中留下紀錄，中文以東方夷狄之意稱他們為「東夷」。此處將先整理在女真之前出現的東北亞各王朝、諸集團的歷史。

關於東夷的系統性記錄，最初出現在三世紀末陳壽寫的《三國志・魏書・東夷傳》。這也是記載了邪馬臺國的史書，對日本史而言是耳熟能詳的文獻。《三國志》中記載，東夷分布於現今俄羅斯沿海地區的挹婁；從中國東北地方到朝鮮半島北部的扶餘、高句麗、東沃沮、濊；朝鮮半島南部的三韓（馬韓、辰韓、弁韓）等地。

其中，以騎兵作為軍事力量最早崛起的是高句麗，其勢力廣及滿洲與朝鮮半島，五世紀成為東北亞最大的王朝，這也是高句麗的全盛時期。朝鮮半島南部自四世紀後半起百濟（前身為馬韓）、新羅（前身為辰韓）崛起，六世紀中葉與高句麗形成三國鼎立狀態。滿洲與朝鮮半島的東夷中，未被這三國統合者，或者即便被統合仍維持自主性的各部族，被統稱為靺鞨。

「海東盛國」渤海國

西元七世紀後半，高句麗遭唐朝與新羅的聯軍所滅，新羅統合朝鮮半島，之後如第一章所述，七世紀末契丹叛唐時，被唐朝南遷至營州的高句麗遺民靺鞨集團在大祚榮的領導下，向東移往高句麗故土，接著以牡丹江上游的敦化盆地為據點，標榜繼承高句麗建立渤海國。如此一來，東北亞形成北渤海國、南新羅對峙的形勢。

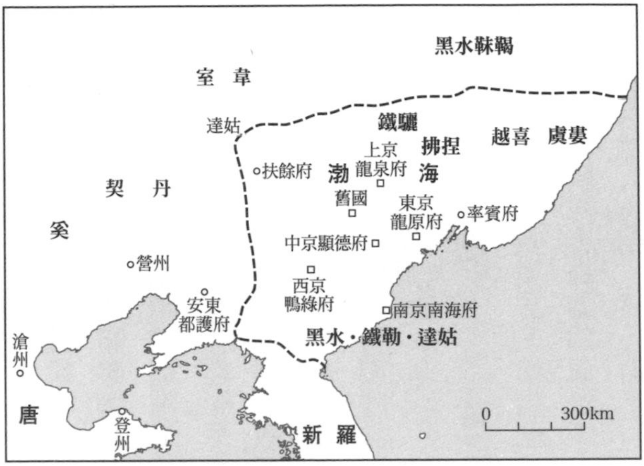

圖 21　渤海國地圖（830 年代）

渤海國建國之初，由高句麗人及過往高句麗統治下的南方靺鞨集團（粟末、白山）組成。之後迅速向北方拓展勢力，展開對北方靺鞨集團的統一行動。北方靺鞨是靺鞨集團中未受高句麗統治的集團，主要靠狩獵營生，與突厥等蒙古高原的游牧王朝關係匪淺，與主要靠農業維生的南部靺鞨集團性質相異。最終，渤海國統治了農耕與狩獵兩種不同類型的集團，對農耕居民實施承襲自唐朝的州縣制，同時對狩獵部族的北部靺鞨則承認各部落集團的自主性。第二章所見契丹統理游牧民族與農耕民族的複合性制度應該是參考自渤海國，可說渤海國的統治方式具有重要的歷史意義。

透過接受冊封等方法與唐朝維持友好關係的渤海國，從唐朝引入官僚制度、軍事制度、儒家思想與佛教等，八世紀中葉於牡丹江中游模仿唐長安建立了規模巨大的國都：上京龍泉府。九世紀前半渤海國進入全盛時期，被譽為「海東盛國」。此外，渤海國勢力向東擴展至日本海沿岸，將沿岸靠海維生的居民納入統治，並越過日本海與日本平安朝頻繁交流，此段外交關係在日本也頗負盛名。

女真登場

唐朝自九世紀末至十世紀初分崩離析的過程中，歐亞大陸東方籠罩在一片混亂中，此時期東北亞也發生了重大的變化。朝鮮半島上新羅勢力衰退，後百濟與後高句麗接連反叛，自立建國，進入後三國時代，日後參與擘畫後高句麗建國的軍人王建（八七七—九四三年）於九一八年標榜繼承高句麗，建立高麗國，之後統一朝鮮半島。高麗在歐亞大陸東方持續至十二世紀為止的多國體制下，一直採取相當務實的外交政策，臣屬契丹、金（一段期間也臣屬北宋），與各政權保持友好往來關係。內政上也建立起自身的統治體制，一時間相當繁榮。十三世紀面對蒙古帝國霸權時，高麗王朝靠著與蒙古政權中樞保持緊密關係得以堅持下來，一直存續至十四世紀末為止。

渤海國則於九二六年被契丹所滅。契丹透過衛星國家東丹國間接統治渤海國舊日領地，但遇挫失敗，最終契丹放棄渤海國舊日領地，將東丹國舉國遷至遼東平原（參見第二章「渤海國的覆滅與阿保機之死」小節，九〇頁）。十世紀中葉契丹取消東丹國，將遼東一帶納入直接統治，在該地設置東京遼陽府，以東京留守司管轄統領該區。

接著說明女真。「女真」這個名稱來自Jurchen一詞的音譯，中國的文獻中開始出現於十世紀前半，正好處於契丹侵略渤海國之際。女真一詞也與靺鞨一詞相同，皆為部落群的總稱，女真居住區域散布在今日俄羅斯沿海、中國東北地方、朝鮮半島北部一帶，大致與東丹遷國後留下的渤海國舊日領地相當，他們被視為靺鞨各族中的北部靺鞨後裔，這是因為一般認為另一方的南部靺鞨與渤海國統治下的高句麗人融合成為了渤海人。此外，北部靺鞨並非全體皆為女真，除黑水靺鞨與從中分支出來的五國係以女真為主體之外，其餘如鐵驪、兀惹、胡里改等部也存在部分女真集團。

女真族的居住空間分布於滿洲平原（東北平原）東部的連綿山岳、丘陵地帶，大致都屬於山間流水形成的大小不一河谷區，依照不同水系形成各自的部落集團。這一區域屬於年降雨量超過五百公釐、有廣大落葉林及針葉林、動植物資源豐富的土地。女真人在這種生態環境下靠狩獵、畜牧與粗放農耕營生。雖然他們分散在廣大的區域中，仍因語言與習俗的共通性而同樣被冠以女真的稱呼，而至十一世紀為止女真各集團在政治上皆未統一。

女真集團分布地區在接近契丹統治的遼東一帶，他們於十世紀末這段期間進入契丹統治下，仍舊維持原本的部落組織，並未歸設於遼東的州縣管轄。平時從事農牧業，發生戰爭時負有提供士兵的義務，為契丹軍力的一部分。歸於契丹統治的遼東附近女真，以咸州（遼寧省開原）管理的北女真、遼東半島的南女真（最大勢力為曷蘇館女真）、鴨綠江流域的鴨淥江女真等最為知名，由從屬於契丹的層面來看稱為「系遼籍女真」，從受到契丹教化的層面來看則有「熟女真」等稱呼。

生女真與按出虎水完顏部

如前所述，契丹因放棄統治渤海國舊領地，東北邊疆的直接統治區域遂只達向北流的松花江流域為止。松花江東折後的東流松花江流域、牡丹江流域至沿海為止亦有女真集團散居於此，因此地乃契丹教化所不及之處，故總稱為「生女真」。

契丹面對包括生女真在內未臣服的東北方各部落時，設黃龍府（吉林省農安）作為邊防據點。遼聖宗一朝自與高麗關係穩定後（參見第三章「契丹的東方經略」小節，一五七頁）的一〇二〇年代起，便沿來流河（現

圖 22　12 世紀初（契丹末期）的東北亞

在的拉林河）西側挖界壕與建邊堡，界壕西側配置多種族編成之邊防軍團，強化守備，透過這些手段積極推動經營此區。

與此同時，一直保持游牧民族移動生活方式的契丹皇帝，於一〇二〇年代以後，春季巡行的「春捺鉢」時便經常巡幸今日洮兒河匯入嫩江及松花江一帶的濕地區域，且新建了據點城市長春州（吉林省洮南）。

每年一開年契丹皇帝一行便從冬捺鉢的地點開拔，前往此濕地區域。先在因嚴冬而結凍的湖面或河面上鑿洞釣魚，之後進行鷹獵，享受以海東青（後文說明）獵天鵝的樂趣（參見本章章名頁照片）。位於契丹東北邊境的此區域接近生女真的居住地，因此皇帝捕獲第一條魚後舉辦名為「頭魚宴」的慶宴時，包括生女真等附近部落集團的族長或使者皆會趕來參加。生女真等部落接受契丹賜予的官銜，並在春捺鉢的場合納貢，對此契丹皇帝再辦理宴會或給予回賜（針對納貢的回贈禮品）。在春捺鉢時舉辦的一系列活動對契丹皇帝而言，除了對東北邊境的各部落展示威嚴之外，另一層意義也是觀察該些部落動靜的政治性儀式。選擇此濕地區域實施春捺鉢的理由，可以視為契丹政權對生女真等東北各集團統治的重視。

遼道宗在位的一〇六〇年左右，創設寧江州（吉林省扶餘）作為對東北方的邊防據點，並於此設置榷場，生女真提供的交易品包括真珠、人參、金、貂皮、海東青等。其中契丹這支狩獵民族最喜好的商品是用於鷹獵，被稱為海東青的獵隼，其最大產地位於松花江與黑龍江的匯流處一帶，也是當時被總稱為五國部的部落集團居住地。契丹每年都會派遣使者籌集海東青，並命令生女真各部落維護用來運送海東青，被稱為「鷹路」的交通路線。

日後建立金國的按出虎水完顏部，即是占據此鷹路要衝處的一個生女真部落集團。這個集團居住在現在哈爾濱之東往北流的松花江支流按出虎水（女真語中按出虎意為「金」，此河現稱阿什河）河谷平原，其中部分也以日後營建的上京（後述），即現在的黑龍江省哈爾濱郊外的阿城一帶為據點。此處據點在生女真部落中屬於與契丹距離較近，除了納貢與交易之外，部落族長也接受契丹賜予的節度使官銜，彼此間有頻繁的交流，最初也協助提供契丹重視的海東青。

簡要而言，生女真居住區域附近隨著契丹設置春捺缽，在十一世紀中葉左右，契丹與生女真的接觸增多，交易也益發活躍。按出虎水完顏部與契丹交易而獲利，也透過交流吸收契丹的政治文化並拓展自身勢力，導致之後在十二世紀初獲得快速的發展。

金國的開國傳說

金國建國以前的按出虎水完顏部的歷史，記載於金國第三代皇帝金熙宗亶時代編纂的《祖宗實錄》這本史書中。蒙古統治的元朝編纂了正史《金史》，其中的〈本紀第一．世紀〉中保留了該部分紀錄。該〈世紀〉中記載的內容乃基於口述傳承，傳說故事的特性很強，不能全數視為史實。

金國建國者阿骨打（建立大金後改漢名完顏旻）的祖先最初出現在始祖函普三兄弟的傳說。三兄弟生於高麗（指高句麗），留在高麗的哥哥阿古迺的後裔成為遼東熟女真的曷蘇館女真，而兩個弟弟函普及保活里踏上旅途，函普抵達僕幹水（牡丹江），其子孫再遷移至按出虎水，即為按出虎水完顏部；保活里抵達東北沿海的耶懶水（俄羅斯沿海的帕爾季贊斯克河，舊稱蘇昌河），後裔成為耶懶水完顏部。這個傳說中出現的耶懶水完顏部與曷蘇館女真，其居住處皆與按出虎水有著超過五百公里的直線距離，原本就不太可能存在血緣關係，三兄弟別離的故事當然也不能直接當作史實。

值得注意的是，耶懶水完顏部與曷蘇館女真二者都與按出虎水完顏部及金國締結同盟關係，身為同盟協力者也做出決定性的貢獻。耶懶水完顏部早在阿骨打的父親劾里鉢（金世祖，一〇三九—一〇九二年）時代便與按出虎水完顏部結盟，在按出虎水完顏部向東方擴展勢力統一各部落的過程中立下功績，金國建立後成為女真集團的重要成員。另外，曷蘇館女真則是阿骨打建立金國後攻略遼東過程中歸順的集團。作為遼東熟女真集團中規模最大的曷蘇館女真決定支持金國，也帶動了遼東方面熟女真與渤海人的歸趨，在金國平定遼東上具有決定性的重大意義。前述傳說可以思考為：按出虎水完顏部為與其他重要的女真部落強化政治上的聯合，因此使用同一祖先的傳說作為宣傳。大概是到了阿骨打的時代，把自古按出虎水完顏部內部流傳源自「高麗」的傳說，加上劾里鉢時代打造的與耶懶水完顏部同一祖先的傳說，最後再結合最新的與曷蘇館女真同一祖先的傳說，才形成了現在《金史・本紀第一・世紀》中流傳的函普三兄弟開國傳說。

《金史》的世紀中記錄了包括函普的歷代按出虎水完顏部族長共十人的事

蹟。這個建國傳說內容為：按出虎水完顏部如何在與周邊部落激烈衝突中勝出，並克服內部鬥爭，打造出金國建國的基礎。第六代的烏古迺，也就是阿骨打的祖父（金景祖，一〇二一—一〇七四年）之後，紀錄逐漸翔實，生卒年也有了記載，可以判斷是實際存在的人物。從阿骨打的父親劾里鉢至其兄盈歌（金穆宗，一〇五三—一一〇三年）的時代（一〇七四—一一〇三年），完顏部以松花江流域為核心將勢力延伸到東方沿海為止，終至形成按出虎水完顏部主導的生女真部落聯合。此外，在這個過程中也吸收、統合了非女真集團，例如過往以渤海國為根據地、居住於敦化盆地，以鍛鐵技術聞名的胡里改等具有高超技術的部落，這也成為按出虎水完顏部迅速獲得提升的原因之一。

阿骨打建立金國及平定遼東

一一一三年，劾里鉢次子阿骨打（金太祖，一〇六八—一一二三年）繼承按出虎水完顏部的族長地位。他繼承族長時已經四十六歲，跟著父親與兄長歷經艱辛戰鬥並克服困境是一位經驗豐富的領導者。往昔完顏部與契丹之間便存在要求歸還生女真逃亡者及籌措海東青等爭端，加上阿骨打繼承族長的翌年，與契丹交涉授予節度使時談判破裂，最終導致他決意興兵抵抗契丹。

阿骨打率領二千餘名徹底武裝的騎兵軍團越過契丹設下的界壕，首先攻陷寧江州，之後攻擊契丹負責生女真邊防的東北路統軍司討伐軍，將其逼退至春捺缽附近的出河店。接著一一一五年，阿骨打即位稱帝，國號「大金」，定年號「收國」，對國內外宣布從契丹獨立。

因出河店之戰敗北而無法坐視不管的契丹皇帝天祚帝，親率數十萬大軍前往討伐阿骨打。阿骨打先揮兵向南攻陷契丹邊防據點黃龍府，隨後尾追因國內叛亂而退兵中的天祚帝親征軍隊並擊潰之。這次作戰與其說女真以遠少於

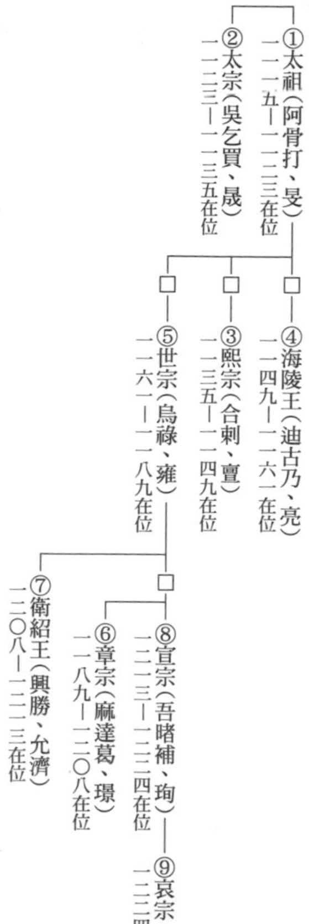

圖 23　金朝皇帝簡略世系圖
括弧內上為女真名，下為漢名。

對方的兵力大破契丹軍，毋寧說充滿厭戰氣氛的契丹軍自亂陣腳而招致潰滅。

契丹皇帝的親征大軍大敗，這給契丹的東方統治掀起巨大波瀾。在契丹據點東京遼陽府的原渤海國軍人高永昌叛亂，金軍進軍遼東並擊潰高永昌，攻陷東京。一一一七年，阿骨打接受「大聖皇帝」尊號，改元「天輔」，於平定遼東後二次昭告即位。在阿骨打揮軍遼東前即招諭臣服於契丹的渤海人與熟女真：「女直（即女真）、渤海本同一家」，並拿出前述與曷蘇館女真同一祖先的傳說，訴求既為同族，當共築更大之女真聯盟國家。在這層意義上看來，平定遼東在金國建國過程中具有劃時代的意義。

因女真平定遼東，契丹再度派遣大規模遠征軍，金軍於遼東平原西側的蒺藜山（遼寧省阜新附近）擊退契丹軍，將遼西（遼寧省西部）一帶納入統治。事態發展至此，契丹提出議和，交涉推進到契丹願意接受金國要求冊封阿骨打為皇帝，但金國要求比照契丹、北宋間的澶淵體制卻遭拒絕，交涉最終決裂。原本質樸的金國女真領袖任用過往臣服於契丹的遼東渤海人與熟女真，推動與契丹的和平交涉，過程中也逐漸深入理解王朝間有關國書交換、使者往返、禮儀制度等外交習慣。此時期阿骨打命其智庫完顏希尹創制女真文字（大字），並用於撰寫朝廷文書，在交涉過程中表現出對契丹的強烈對抗意識。

建國初期的統治體制與軍事組織

金國建國之初，以皇帝為核心任命按出虎水完顏部的皇族有力人士擔任女真語稱為勃極烈的官職，採合議制決定國政。在這個階段，皇帝仍具有濃厚的召開部落會議之族長色彩。此外，在按出虎水根據地的御寨或稱皇帝寨處，最初並無宮殿，而是過著在帳篷中設炕取暖的生活。日後阿骨打占領燕京時也不居住城內，而是使用奪自遼天祚帝的皇帝專用宮帳（斡魯朵）並設於燕京城外，並在該處接見臣僚及外國使節。可見阿骨打以游牧君主契丹皇帝的後繼者自居。

包括按出虎水完顏部在內的生女真部落居處皆為知名馬匹產地，金國憑藉持有豐富的馬匹資源打造出精悍的騎兵軍團。核心的女真軍團基本戰術為：讓人、馬皆著鎧甲的重裝騎兵部隊立於部隊前線，操槍聚攏進行突襲，後方富於機動力的騎兵接著引弓放箭攻擊。在野戰中威力強大，力壓契丹與宋朝軍隊。

支撐金朝軍事力量骨幹者，是稱為猛安、謀克的軍事組織。大約一百至三百戶為一謀克，十謀克編為一猛安，戰爭時每戶須提供士兵。當理解到猛安在女真語中意味著「千」時，即可看出此制源於匈奴以降的游牧王朝基於十進位法的軍事組織編制。最初此制僅用於生女真部落集團的軍事組織，日後當金國完遂軍事擴大的過程中，將過往契丹統治下的渤海人、熟女真、契丹人、奚人、漢人等各族軍事集團均納入體系，適用猛安、謀克編制。再往後猛安、謀克編制成為一種特權，僅准許女真、契丹與奚使用，但金國的軍隊仍舊維持包含渤海人、漢人加上北方游牧民族（韃靼、黑水、黨項、黠戛斯、回鶻、室韋）等，由各類種族形成的部隊。

二、金國的霸權與歐亞大陸東方情勢

契丹的滅亡

議和決裂後，阿骨打於一一二〇年重啟對契丹的戰爭，一口氣攻下契丹上京臨潢府一帶，兩年後的一一二二年攻克中京大定府一帶。契丹軍遇到女真精悍的騎兵軍團立刻喪失戰鬥意志，幾乎都是自亂陣腳而敗北，如此重複數次後已把大興安嶺南麓一帶根據地拱手讓給金國。感到畏懼的天祚帝向西逃亡，金軍也接著追擊，同年攻陷西京大同府，同年末代替逃亡的天祚帝，新皇帝涅里（漢名耶律淳）即位，於燕京成立契丹獨立政權（北遼），但也被金軍順利平定。僅僅五年的期間內契丹統治下的大部分地區都落入金國手中。

翌年為了追擊遼天祚帝，阿骨打出燕京往西北進軍，但於途中因病重而倒下，於返回按出虎水根據地的路上過世。繼承他的是阿骨打遠征時委託留守的弟弟吳乞買（金太宗，漢名完顏晟，一一二三—一一三五年在位）。

之後天祚帝繼續逃往陰山方面並準備東山再起，金軍照舊繼續追擊。天祚帝欲依靠西夏，但西夏與金交戰過一次後便迅速與金議和，伴隨劃定國界也承諾比照臣屬契丹的前例臣屬金國，一一二四年雙方締結盟約，金國成功拉攏西夏。西夏拋棄臣屬至今的契丹改依附金國，也因此一直存續到十三世紀為止。

天祚帝因西夏依附金朝而失去逃匿場所，離開陰山山脈後天祚帝南下試圖反擊，結果翌年遭金軍俘虜，契丹至此滅亡。自阿保機建國以來維續兩百多年國祚、長期稱霸歐亞大陸東方的契丹，其滅亡過程卻如發生山崩一般，迅速消亡。

金與北宋的同盟

此前當金軍攻陷遼東之際，南方的北宋朝廷也接獲情報。如前章最末提及的，由宋徽宗主持，心懷野心對外打出積極政策的北宋政權認為，這是收復燕雲之地徹底實現中國統一的絕佳機會，甚至經由海路遣使前往金國，提出在軍事作戰上合作的提議。經過使者數度往來，至一一二〇年為止金與北宋之間針對夾擊契丹的密約反覆進行具體協商（海上之盟）。

北宋政府在計畫軍事作戰時，所能仰賴的軍力是包含吐蕃系以騎兵為主力的蕃兵，他們長期負責抗擊西北的西夏與青唐吐蕃，被稱為「西兵」，其指揮為宦官童貫（？—一一二六年）。然而，當金軍攻陷契丹上京，北宋正緊鑼密鼓安排夾擊事宜，欲將西軍東調準備遠征契丹之際，江南卻爆發了方臘的大叛亂。北宋的江南駐軍完全無力平叛，方臘叛軍騷擾猖獗，因此一一二一年，朝廷不得不令童貫率西軍前往鎮壓叛亂。這導致北宋與金合作夾擊契丹的作戰遇挫暫停。

之後金兵接連攻陷中京與西京，天祚帝西逃，在契丹幾乎確定敗亡的一一二二年階段，北宋朝廷對內外宣言將收復燕京，重新與金展開夾擊契丹的作戰協議。但，北宋派遣童貫率宣撫司轄下的遠征軍開往燕京時卻遭燕京的契丹軍擊潰，大敗而回。之後出身遼東，駐守契丹涿州的郭藥師率渤海人、漢人組成的常勝軍投靠北宋，北宋用其計再度進攻燕京，卻又遭契丹軍擊退。最終，該年十二月阿骨打率金軍攻打燕京，契丹軍主力逃亡，金未借北宋之力即成功不戰入城，取得燕京。

北宋雖然在攻占燕京上毫無貢獻，但金朝仍遵守當初約定，隔年依約割讓燕京、涿州、易州、檀州、順州、景州（契丹新設置）、薊州於北宋。但燕雲地區中，燕京東方平州一帶與雲州（大同）地區並不在割予北宋的範圍內（圖13，一一四頁）。兩國比照澶淵之盟的對等關係交換誓書，締結盟約。金朝要求的條件包括原本贈與契丹的歲幣，同額贈與金朝（銀二十萬兩，絹三十萬匹），另有鑑於北宋將取得燕京稅收，作為交換，每年須繳銅錢一百萬緡給金朝。最後金朝從燕京帶走大量居民遷往自己的北方根據地，留給北宋的幾乎是一座空城。在金朝交割之前，北宋已把燕京（契丹原設析津府）改為燕山府。

北宋滅亡

之後，北宋不僅未繳納歲幣，更與以平州為據點反叛金朝的張覺互通聲氣，待張覺逃亡時又加以藏匿，對金朝而言北宋反覆做出背信行為。此外，讓予北宋的燕山由郭藥師率常勝軍駐守，治理手段極為專橫。常勝軍接收了契丹的投降者，從投宋時的八千人膨脹到五萬人，讓燕山處於非常不穩定的狀態。

俘虜遼天祚帝後已無後顧之憂的金國朝廷，於一一二五年十月接受宗室大臣宗望（斡魯補，？—一一二七年）與宗翰（粘罕，一〇八〇—一一三七年）建言，金太宗終於因北宋違反盟約而下令南伐，追究北宋的責任。金軍分河北與河東兩路南進，東路的宗望軍甫抵達燕山，常勝軍立即向金軍投降，燕山府歸金朝所控。接著宗望軍由河北南下，越過黃河，翌年正月進抵北宋國都開封，進行包圍。北宋朝廷收到金軍進攻的消息後，徽宗讓位給皇太子趙桓（宋欽宗，一一二五—一一二七年在位），並暫時與金朝達成協議，條件為支付高額賠償及割讓中山（河北省定州）、河間（河北省河間）與太原，金軍因此退回燕京（金朝再度改燕山為燕京）。

但北宋卻未遵守這些議和條件，雙方迅速決裂，同年八月金朝再度發兵南伐，攻陷太原的宗翰軍與自河北南下的宗望軍兵合一處，同年閏十一月攻陷開封。北宋雖嘗試以割讓黃河以北為條件議和，但金朝並不接受，俘虜太上皇徽宗與皇帝欽宗及北宋朝廷約三千人帶往北方，同時悉數掠奪宮中財寶。歷史上以此時北宋年號稱為「靖康之變」。持續了一百六十多年的北宋至此滅亡。

對南宋戰爭與華北

北宋滅亡後，剩餘軍隊與義勇軍擁立徽宗之子趙構（宋高宗，一一二七—一一六二年在位），宋朝國祚得以延續，但畏懼金兵的高宗朝廷並未收復開封，選擇放棄北方逃往長江以南，為與定都開封的北宋區分，史稱南宋。金朝繼續遣兵追擊宋高宗，自一一二八年起兩度出兵達江南，南宋軍隊持續敗退，高宗經海路一直逃到溫州（浙江省溫州）才告一段落。然而金朝並未能消滅南宋，自一一三〇年夏季撤兵後，金朝暫停了對江南的進攻。

放眼此時的華北，黃河以北盡被收入金朝統治下，在征宋戰爭大為活躍的宗翰與宗望，分別在西京（大同）與燕京設置元帥府，其下設掌管行政的樞密院，展開對新占領地的軍事統治。之後宗翰一手掌握漢地的統治，變得大權在握。金朝於黃河以南設立過傀儡王朝楚國，但持續時間不長。一一三〇年在宗翰的支持下，金朝冊封前北宋官僚劉豫為皇帝，建立齊國，將黃河以南的山東、河南、陝西委由他統治。金朝企圖以齊國作為前衛，離間瓦解南宋並擴大南方版圖，但最終卻未能如願。

金朝的內亂與對外關係

一一三五年，金太宗吳乞買過世，阿骨打嫡孫金熙宗亶（合剌，一一三五—一一四九年在位）即位。熙宗能夠登基，很大程度是因為宗翰的支持。然而之後因宗翰於漢地專權，包括金太宗嫡長子宗磐（蒲盧虎）在內的反對勢力，開始對宗翰施展政治攻勢。金太宗過世時，反宗翰勢力趁他回御寨入朝的機會，將他引離根據地西京，奪取他在漢地的兵權。一一三七年，宗翰因黨羽遭肅清憂憤而亡。在他支持下的齊國也被廢，金朝廷改於汴京（開封）設行臺尚書省掌管河南、山東、陝西。如此一來，金朝把契丹與北宋舊領地中淮河以北部分直接納入版圖。

北宋滅亡後，華北正式移入猛安、謀克編制的女真人士兵及其家屬。領到土地的女真人居住在擁有防禦設施、被稱為村寨的居地，與當地漢人有明確區別。華北的農村社會因十二世紀前半的戰亂而人口減少，農地大多荒廢，此時金朝政府努力恢復生產體系，實行措施有招撫及獎勵田墾，修復並新建灌溉水路等等。

鬥垮宗翰的宗磐與昌（撻懶）在政局中掌握了主導權，在其當政期間一改金朝對南宋的方針，從以往殲滅宋朝的強硬路線轉換為圖謀共存的和平路線。當南宋提出議和時，金朝立刻提出願歸還已故的宋徽宗遺體及割讓黃河以南土地等優渥條件，這對軍事上居於劣勢的南宋而言可說喜出望外，對此南宋朝廷提拔過往曾被金朝拘留、通曉金國內情且主張對金議和的秦檜（一〇九〇—一一五五年）為宰相主持大計。一一三八年末，以齊國舊土中黃河以南之地加上陝西皆割予南宋為條件，兩國達成首次議和（天眷和議）。

金宋達成第二次和議（皇統和議／紹興和議）與多國體制

然則，翌年金國朝廷發生政變，太祖阿骨打之子宗幹（斡本，？—一一四一年）與宗弼（兀朮，？—一一四八年）掌握朝政，以謀反名義誅殺推動議和的宗磐及昌等相干人等，結果與南宋的和議就此破裂。接著西元一一四〇年金對南宋再啟戰端，宗弼親率大軍收復黃河以南之地，更進一步渡過淮河南侵。不過，金兵卻遭遇南宋超乎預期的強力抵抗，最終不得不退兵。

此時，遠征南宋卻遭敗北，又面對北方蒙古高原游牧民族威脅的金朝，政策考量上正好與南宋由談和派宰相秦檜主導的朝廷利益一致，故兩國再啟議和並互遣使節，談判進行順利。一一四二年，雙方交換文書，內容著眼於停止戰爭，最終達成和議，

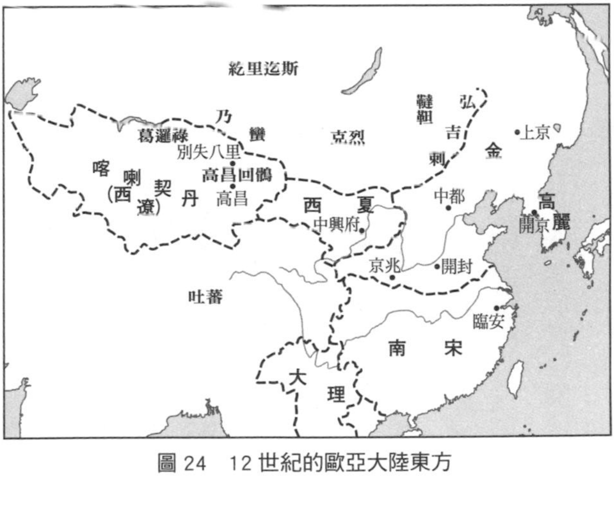

圖 24　12 世紀的歐亞大陸東方

締結盟約。此時的盟約採取南宋先提出誓表，之後金朝下誓詔的形式。具體內容有：兩國以淮河為國界，南宋對金稱臣，每年納「歲貢」（與澶淵之盟的「歲幣」名稱不同）銀二十五萬兩、絹二十五萬匹。金與南宋達成的第二次和議，其名稱根據金、宋兩國年號各稱為「皇統和議」與「紹興和議」。此和議從以下兩點來看具備劃時代的意義：其一，金朝正式承認南宋朝廷的存在；其二，兩國確定相對安定的和平共存關係。和議帶來的結果，是南宋之後得以於臨安（浙江省杭州）安身立命，重整統治體系，終於確立了偏安南方的局面（參見本系列叢書第二卷第四章）。

金朝與南宋議和之前，已憑藉著強大的軍事力量使西夏與高麗臣服，且皆由臣服的西夏、高麗率先提出誓表，金朝再下賜誓詔。換言之與南宋議和時也採取同樣形式，透過如此方式雙方締結和約，成立外交關係。這些盟約的締結明顯源自契丹與北宋的澶淵之盟，但雖說同樣是盟約，卻與契丹、北宋間名分上對等的關係相異。金朝與南宋、高麗、西夏之間屬於君臣關係，我們必須注意此時諸國之間具有明確的上下位階關係。

無論如何，自澶淵之盟後至十三世紀蒙古帝國統一前的歐亞大陸東方，可以稱之為「盟約的時代」。重點在於金朝雖以軍事力量迫使周邊諸國從屬，但透過締結盟約形式，仍承認他國君主的存在並准許維持獨立的行政機構。以澶淵之盟作為重要礎石之一而建構出來的十一世紀歐亞大陸東方多國體制，雖然隨著時間變化而有所變遷，但仍於十二世紀再度獲得體現。

喀喇契丹（西遼）與歐亞大陸東方的情勢

契丹雖被金朝所滅，但並未徹底從歷史上消失。契丹軍屢屢敗給金兵，但大部分並未被殲滅，而是投降了金朝。這些以契丹、奚為核心的舊契丹系軍團被整編成前述的猛安、謀克，安置於金朝根據地的大興安嶺山脈南麓一帶，承擔起金朝北疆防衛的重要責任（後述）。

同時，契丹軍團中也有向西移動尋求新天地的集團，這就是耶律大石（?——一一四三年）率領的一支。耶律大石雖被認為是契丹皇族的一員，但恐怕並非阿保機的直系血親，故其血統原本並不夠尊貴，不足以成為皇帝。他歷任地方官員時適逢金朝興起，曾參與建立燕京契丹政權，後遭金朝擊潰，耶律大石前往歸附逃至陰山的遼天祚帝，最終放棄天祚帝選擇自行獨立。一一一二四年，耶律大石率領大約兩百餘騎兵，越過戈壁抵達契丹在蒙古草原北部經營的據點鎮州（可敦城），在此集結周遭的游牧部落，將一萬多人的精銳部隊納入麾下。

然而耶律大石在蒙古草原北部的契丹復國計畫終究失敗，一一三〇年左右他不得不向西方出發，途中接受高昌回鶻的援助前往阿爾泰山脈以西。西元一一三二年，耶律大石攻克中亞喀喇汗王朝的國都八剌沙袞（今日吉爾吉斯布拉納遺跡），大石於此即位稱帝，取大汗、汗中之汗的意思稱「菊兒汗」。大石的政權通稱為喀喇契丹或西遼，是位於中亞的契丹政權。

日後大石更攻克西突厥斯坦，一一四一年於撒馬爾罕近郊大破塞爾柱王朝與西方喀喇汗王朝聯軍。大石這一連串軍事行動上的獲勝，讓喀喇契丹在大約八十年間稱霸東西突厥斯坦，直到蒙古帝國擴張至西方為止。葛邏祿與高昌回鶻等突厥系集團、王朝也迎入喀喇契丹派遣的官員並上繳稅金，接受了喀喇契丹間接統治。

關於喀喇契丹的統治體系因缺乏史料，我們幾乎一無所知，推測官制等制度大概是踏襲東方的契丹，原本大石建國之際便標榜繼承、恢復阿保機創立的契丹國，建立了中國式祭祀祖先用的太廟（原本在中原是固定式建築，但為符合游牧民族的風俗可能改為移動式），祭祀遼太祖（阿保機）以下的歷代皇帝。大石過世後也被追尊廟號，是為德宗，入祀太廟。此外，契丹人統治階層仍維持佛教信仰，並未接受當地的伊斯蘭教，且似乎也繼續沿用契丹文。其證據為近年俄羅斯聖彼得堡圖書館中發現兩種契丹文字中有契丹大字書寫的鈔本，據說該文物出土自吉爾吉斯，相當有可能屬於喀喇契丹統治的區域。因文獻尚未解讀故全貌並不明朗，仍有待今後的進一步研究。

如此，自十二世紀至十三世紀初，歐亞大陸東方呈現出金朝與喀喇契丹兩大強國隔著河西走廊東西並立的結構。

三、金朝的變革與北方情勢

金朝的制度改革與上京建設

金熙宗即位後，在宗室的有力人士宗幹與宗弼的支持下，廢除至今為止

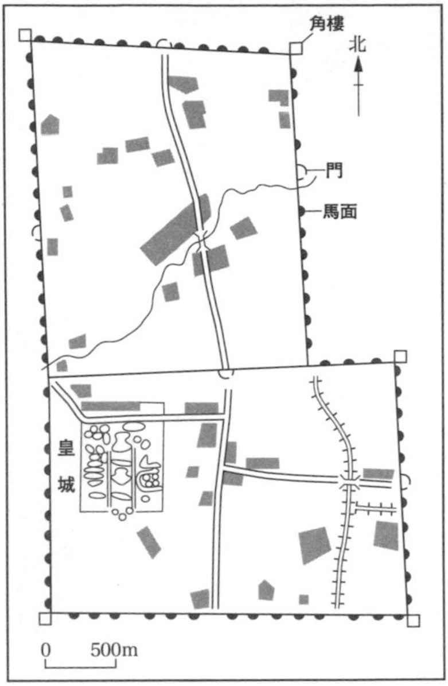

圖 25　金上京遺址平面圖

的勃極烈合議制度，模仿唐制設立三省，完整了中央政府的組織。

特別需要注意的是皇帝與臣下之間的區別明確化一事。此前金國朝廷反映女真部族有力人士橫向並列的權力結構，皇帝與周遭參政的臣僚間沒有太大的尊卑之分。此次改革明確區分君臣之別，在強化皇權的同時也增強皇帝的威嚴。另外在按出虎水完顏部的根據地建設國都「御寨」，擴充金太宗時代起建設的宮殿，目標同樣是強化皇帝地位。將國都取名上京，城中的營建工作除了建設皇宮之外，也在宮殿外的皇城四周建築高大城牆，依照新的都城計畫建設南北兩座外城，城內創設太廟、社稷等源自中原王朝祭祀祖先、土地、穀物神明等之祭祀設施。

不過，雖然金朝建設了都城，但皇帝及其下的女真統治階級並非一直居住於城內。與契丹的春捺鉢一樣，熙宗春季也會前往松花江流域的湖沼地帶享受狩獵之樂，即為「春水」；夏季至秋季則至山中避暑，狩獵鹿、野豬、熊等，稱為「秋山」，繼續保持著狩獵民族根深柢固的移居生活風俗。女真統治者階級雖然明顯喜好中原王朝的典章制度，但此階段並未過度強調漢化。

海陵王的野心與受挫

金熙宗時代開啟的導入中原王朝制度與集權化政策，到繼任的海陵王亮（迪古乃，一一四九—一一六一年在位）時，推動得更加徹底。

熙宗因時常酗酒，導致精神狀況出了問題，接連肅清宗室與大臣，使朝廷陷入恐懼與不安。一一四九年宗幹之子海陵王殺害熙宗，即皇帝位。海陵王認為熙宗一朝雖開始以中原王朝為模範強化、集權於皇帝，但宗室依然握有龐大勢力，皇權與金太宗之前無太大變化，仍受到相當的限制。海陵王在登基後，旋即開始虐殺金太宗及宗翰的子孫等有力的宗室，強制推行剝奪宗室權力的做法。

此外，他也廢除統治漢地的最高機構，即汴京的行臺尚書省，將其納入中央政府管轄，並強行改革官僚制度，廢除中書、門下兩省，將所有政事歸尚書省管理。除此之外，還制訂祭拜天地的南北郊祀與社稷祭祀；舉行科舉的殿試；完備皇帝的法駕（皇帝的車駕）、儀仗兵；發行紙幣；設置官營學校國子監；於州縣建設祭祀孔子的孔廟等等，徹底沿用並引入中原王朝的制度。

一一五三年，海陵王自上京遷都燕京，建設新國都，命名為「中都」，將王朝的中樞移至中國本土。中都以北宋開封為模型打造，擴建契丹的燕京城外城，並新建皇城及宮城（參見第五章圖30，二二五頁）。新宮城的規模大約是周長五．五公里，面積與明、清紫禁城幾乎一致，極其壯麗。對海陵王而言，上京乃守舊派的巢穴，是必須破壞的對象，藉著遷都徹底放棄熙宗營建的宮殿與女真王族們的宅邸，此後金國的統治體系迎來重大的轉變。

隨著女真王族幾乎都被遷居到華北，支持金國中樞的女真軍事力量也大多移往華北。對海陵王而言，遷都中都與王朝的重心南移，是為了下一步統一中原的布局。接著，為了成為中國唯一的天子必須滅掉南宋，海陵王單方面毀棄盟約，於一一六一年自南京（開封）率軍出發親征南宋。為了這次遠征，他對全國實施軍隊總動員，且命令舉國籌措軍馬、兵器，同時還建造軍艦組成水師，準備由陸海兩路進攻南宋。他更進一步計畫將國都南遷，讓百官皆從中都移往南京。此次軍事作戰，可說是徹底舉全國之力的南征。

然而，海陵王太過性急，做法又太過蠻橫。對全國進行嚴格動員與徵集物資引起重大反彈，各地相繼發生叛亂，特別是西北邊防一帶的契丹軍團爆發大型反叛，問題特別嚴重，海陵王雖發兵鎮壓卻失敗。此外，受命留守東京遼陽府的阿骨打嫡孫，也就是海陵王堂弟完顏雍（烏祿）獲得遼陽女真人與渤海人支持，即位稱帝（金世宗，一一六一—一一八九年在位）。北方的動亂已經發展到可能覆滅王朝的態勢，即便如此，海陵王依舊強令南進，直達長江河畔。就在要對江南發起攻擊時，海陵王遭部將殺害。海陵王統一天下的夢想，就此煙消霧散。

曾為皇帝卻只被稱為海陵王，是因為繼位的金世宗全面否認他的存在，不承認海陵王是皇帝，也不供入太廟。雖然死後被降封為「海陵郡王」（諡號煬），但之後又被剝奪官爵，貶為庶人，因此也被稱為「海陵庶人」。

金宋達成第三次和議（大定和議／隆興和議）

在東京透過政變即位的金世宗，在海陵王被殺後進入中都。海陵王蠻橫的體制改革與對外戰爭，給金朝國內留下深刻的傷痕。後繼者世宗的課題，便是重建瀕臨存亡危機的金王朝。

首先必須終結南北兩線的戰爭。南方部分，因海陵王被殺金軍向北撤退，南宋軍隊往淮河以北追擊而來。金世宗先平定北方契丹人的叛亂，一旦完成平亂，立刻傾注力量到南方戰線。一一六三年，宿州符離（安徽省宿州）之戰給予南宋軍隊毀滅性的打擊，金軍成功擊退南宋追兵。

為了優先整頓內政與穩定北方邊防，金世宗並不希望與南宋繼續作戰。以南宋新登基的孝宗皇帝趙眘（一一六二—一一八九年在位）為首之主戰派勢力雖然抬頭，但在禪位成為太上皇的高宗授意下，主和派再度得勢，宋金兩國開始議和。最終雙方於一一六五年締結盟約，條件為兩國以原本的淮河為國界，金與南宋皇帝以叔姪相稱，結為擬制親族關係，歲貢重新改回歲幣，銀與絹各減五萬兩、五萬匹等。金宋間的第三次和議（大定和議、隆興和議）成立。金朝做出重大讓步，取消了南宋的臣屬地位，但基本上仍維持一一四二年第二次和議的基本架構，始終以金朝為上位這點並未改變。兩國皇帝固定為叔姪關係與澶淵體制中可變動的擬制親族關係看似相似，實則不同。

契丹人的叛亂與金朝的北疆防衛

對金世宗政權而言，最大的難題出在北疆的防衛。金朝自建國伊始便無法將勢力伸展到蒙古高原的中央部分，而對耶律大石奔走於蒙古高原時，金軍也同樣無法追擊。與前代的契丹不同，之後的金朝並無法統治蒙古高原的游牧集團，基本上採取消極政策，只能沿大興安嶺東側拉起防禦線。在此背景下以突厥斯坦為據點的喀喇契丹（西遼）才得以取得存活空間。喀喇契丹雖無直接統治蒙古高原，但其影響力仍及於蒙古高原上的游牧集團。

擔任金國北疆防衛的，除了契丹人、奚人之外，還有包含突厥系、黨項系在內的各種游牧民族，這些軍事集團被稱為「乣軍」，皆屬由契丹投降而來的軍事力量。包括契丹人在內的金國北疆游牧軍事集團也負責在「群牧」（官營牧場）生產馬匹，扮演著支撐金國軍事力量骨幹的角色。

如前所述，海陵王遠征南宋時的強制動員引發了北疆契丹軍團的反叛，使大興安嶺山麓周邊廣大區域陷於混亂。世宗即位後立刻花了長達一年半的時間平定叛亂，但之後金朝內部對契丹人產生了不信任，甚至策畫廢止契丹的猛安、謀克。然而能夠委託北疆防禦重任的軍事力量別無他者，因此最終只能放棄取消該制度，致力於懷柔契丹軍團。

但是，一一七七年發生了在北邊巡視中的契丹人投奔喀喇契丹的事件，這讓金國朝廷備感震撼。過往也有契丹人的叛亂勢力欲投奔喀喇契丹，對金朝而言若東西契丹人聯手，將會成為危及金國存亡的嚴重事態。頓悟到對契丹人的懷柔政策以失敗告終的金世宗，解散防衛西北邊境的契丹軍團並命令他們移居上京，獎勵與女真人通婚，企圖將契丹吸收到女真內部，只是這個嘗試似乎並未起到作用。

無論如何，金世宗一直非常留意北疆防衛，盡力整頓邊堡與充實駐紮軍隊。與南宋締結盟約後，世宗幾乎每隔一年便會巡幸錫林郭勒草原南部的金蓮川一地，在金蓮川所在地的桓州（內蒙古自治區正藍旗）設西北路招討司，作為對應蒙古草原北部游牧民族的邊防要地。金世宗頻繁巡幸當地，也表現出他對北疆情勢的重視。

女真文化的復興政策

金國在熙宗、海陵王兩任皇帝的統治下，女真宗室間不斷重複血腥鬥爭與殘殺宗室的戲碼，原本應為王朝骨幹的女真人不僅失去向心力，且因女真人大規模移居華北，導致失去了固有的語言與風俗。

對此情況感到危機意識的正是金世宗。擔當軍事主力的女真集團為金朝的最大支柱，為了王朝存續女真集團的團結不可或缺。在此種考量下，金世宗推出了女真文化的復興政策。世宗不斷向族人呼籲必須恢復過往的女真淳樸風氣，具體政策為投注心力於推廣女真語及女真文字，包括經書、史書等漢文典籍皆翻譯成女真語，以女真文字表記，並著手重建女真學校。此外他也設置了使用女真語的科舉考試及女真進士科，為可識讀女真語者開啟登科之路。國都設有女真國子學、地方設有女真府州學等學校。一一七三年恢復被海陵王破壞的五京之一：上京，並重修宮殿，將上京視為女真隆興之地加以重視，且從一一八四年至翌年為止，為了鼓吹復興女真文化，金世宗還巡幸上京。

金章宗的北方經略

一一八九年金世宗過世，其孫金章宗璟（麻達葛，一一八九—一二〇八年在位）繼位。章宗也繼承世宗政策，致力發揚女真文化。原本金朝政府文書中並列使用女真字、漢字與契丹字，章宗時廢止使用契丹字，另徹底禁止女真姓（完顏、唐括、徒單、蒲察、烏古論、紇石烈、烏林荅、裴滿、僕散等）改為漢姓。

同時章宗時代也是金朝苦於外患的時代。世宗苦心處理的北疆情勢在章宗即位後惡化，韃靼與弘吉剌等北蒙古東部游牧集團對金國邊境侵犯日益激烈，對此章宗於一一九五至一一九八年間三度派遣遠征軍前往大興安嶺西側襲擊游牧集團的根據地。其中一一九六年更越過克魯倫河，一路追擊韃靼（阻轐或阻卜）至烏勒扎河，並於此大破韃靼軍。另外，近年於古戰場附近發現遠征軍主帥女真宗室襄所書寫的女真字、漢字合璧之岩壁碑文，重新確認了這段史實。

然而，遠征的效果依然有限，之後金朝仍舊苦於蒙古草原北方游牧民族勢力的入侵，為此章宗一朝建築了被稱為界壕的高大城牆作為防禦設施。大約沿著大興安嶺山脈東側建築的界壕總長甚至超過三千公里，其中一部分從世宗時代即開始建造，大部分則完成於章宗時代，一二〇〇年左右此龐大的界壕防線建設完成。只是，為了在此防衛線上進行有效防禦就必須配置規模數十萬的大量軍隊，包含建造界壕在內，維持此防禦陣線需要莫大的軍事費用，不幸加上華北黃河氾濫頻仍，金朝政府的財政逐漸陷入困境。

圖 26　金界壕遺址
（內蒙古自治區克什克騰旗烏拉蘇太嘎查）

南宋對金朝的侵略

金朝北方邊境的不穩定，加上

國內情勢動搖的情報，透過每年往返的使者迅速傳至南宋朝廷。此時南宋宰相韓侂胄（一一五二—一二〇七年）專權，為了提升對自己的向心力與達成恢復中原的宿願，宣布對金朝開戰。南宋對金朝領土的小規模侵擾持續了兩年，之後於一二〇六年南宋背棄盟約，向北展開大規模進軍。此時取南宋寧宗年號史稱「開禧北伐」。

金朝將負責防衛北疆的乣軍南調迎擊南宋軍，金兵在戰鬥中處於優勢，最終南宋的軍事作戰以徹底失敗告終。一二〇七年，金朝追究開啟戰端的首謀，韓侂胄被殺，函其首送予金朝，兩國重新締結盟約。約中規定歲幣銀、絹各增十萬，成為銀三十萬兩、絹三十萬匹；獻上戰爭賠償金銀三百萬兩；金宋兩國皇帝的擬制親族關係由叔姪改為伯姪關係；淮河國界依舊維持。此為金、南宋間的第四次和議（泰和和議、嘉定和議）。

然而，此次和議並未讓金與南宋維持長久和平共存。當金朝正在與南宋交戰之際，即將形塑下一個時代的游牧王朝於北方的蒙古高原誕生。一二〇六年，成吉思汗即位，建立大蒙古國（中世蒙古語：Yeke Mongγol Ulus）。這個由成吉思汗肇建的蒙古帝國完成了空前的歐亞大陸統合，結束了歐亞大陸東方的多國體制時代，且對中國之後的歷史步伐帶來重大影響。關於這個部分將於下一章說明。

第五章

大蒙古與中國

劉貫道〈元世祖（忽必烈）出獵圖〉（臺北國立故宮博物院）

「草原の制覇　大モンゴルまで」

一、大蒙古國的建國與擴張

鐵木真登場

戈壁以北的蒙古高原自九世紀以後一直保持多極化的局面。如前所述，十一世紀前半契丹以征服韃靼（阻卜）為目標，嘗試積極經營此一區域，然而契丹的統治仍無法及於整個蒙古高原北部的游牧勢力。十二世紀前半東方的契丹滅亡後，蒙古高原北部各部落被夾在西方的喀喇契丹（西遼）與東方的金朝之間，但從耶律大石可以擺脫金朝控制在西方達成建國的事蹟來看，明顯地喀喇契丹的影響力更大些。因為如此，金朝無法直接統治北蒙古的游牧集團，基本上只能在大興安嶺東側拉起防禦線做消極對抗，一如前章所述。

在這種情勢下的十二世紀中葉，蒙古高原北方的東北部，生活於肯特山脈北麓鄂嫩河流域的小部落中，一位名為鐵木真（一一六二？—一二二七年）的男孩出生了。他早年喪父，經過充滿苦難的幼少年期後，進入蒙古高原北方中部的克烈游牧部落。

進入十二世紀後半，金朝打算對鄰接蒙古高原北方東側的游牧集團進行懷柔，在金國北疆承認朝貢與互市，推動羈縻政策。之後如前章所述，金朝改採積極政策，派遣包括一一九六年進攻烏勒扎河在內的一連串遠征軍，這個舉措擾動了蒙古高原北方的游牧集團勢力。此時鐵木真因協助金朝而被封為「百戶長」（Ja'ud Quri）。之後他仍暫時與金朝保持友好關係，對金進行朝貢，此外，當受到敵對勢力攻擊時，鐵木真甚至曾進入巨大界壕的金朝一側暫時避難。

鐵木真利用金朝的庇護累積實力，一二〇三年他發動奇襲打倒克烈首領「王汗」，取代打算在北蒙古東部稱霸的克烈部族。翌年鐵木真消滅了北蒙古西部與喀喇契丹關係匪淺的一大勢力「乃蠻」，隔年又征服了北方宿敵「蔑兒乞」。如此一來，鐵木真在取王汗而代之的僅僅兩年多後，便一舉統一了蒙古草原北方。

大蒙古國建國

一二〇六年春，鐵木真在根據地的鄂嫩河上游草原召集蒙古高原北部各游牧勢力代表，召開忽里勒臺大會，舉行即位儀式，接受成吉思汗稱號，宣布建立大蒙古國（蒙古語羅馬字轉寫：Yeke Mongγol Ulus，「Yeke」意為「大」；「Ulus」意為整合的集團，也就是「國」）。

此後隨著蒙古軍團四處征戰，誕生了歐亞大陸上擁有空前版圖的蒙古帝國。從十三世紀到十四世紀，因為蒙古帝國的統治，貫穿歐亞大陸東西的交流以前所未有的規模活潑發展，此一世界史上劃時代的重要時期即被稱為「蒙古時代」。

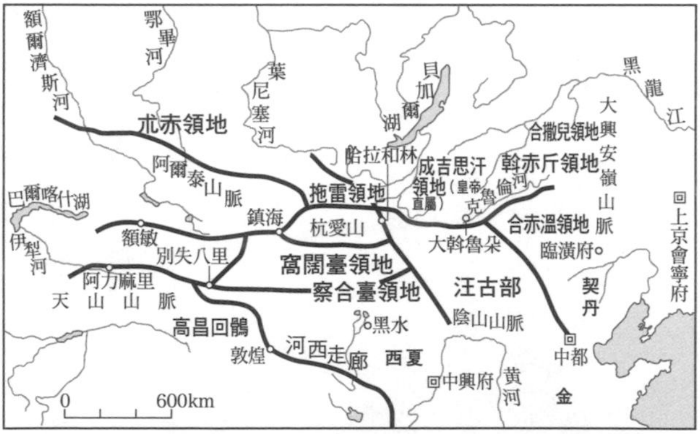

圖 27　成吉思汗時代的大蒙古國（分封地及交通路線）

成吉思汗建國時最重要的，就是重新整編麾下共計九十五個千戶的游牧民族。千戶之下有百戶、十戶，每戶出丁服兵役，為十進位制的軍事、行政組織。追隨成吉思汗立有戰功者封千戶長，游牧民依照人戶給予游牧場地。這些千戶集團可分為：直屬成吉思汗自己與么子拖雷的中央兀魯思（ulus，蒙古語，原意「百姓」，後引申為「封地」、「國家」）；分屬成吉思汗嫡子們（長子朮赤（一一七二—一二二四）、次子察合臺（？—一二四二年）及三子窩闊臺（一一八六—一二四一年））位於西方阿爾泰山脈的右翼兀魯思；成吉思汗的同母弟弟們（大弟拙赤合撒兒、二弟合赤溫、三弟鐵木哥斡赤斤（又稱帖木格））於東方興安嶺方面的左翼兀魯思。成吉思汗過世時已增加到一百二十九個千戶，中央兀魯思有一〇一個千戶，諸子與諸弟分配二十八個千戶。如此，以成吉思汗所在地為核心，鐵木真家族的諸子、諸弟們冊封於開展的左、右翼，個別配屬游牧集團。十進位制的組織與左右兩翼體制為匈奴以來的游牧王朝傳統，整體由成吉思汗親自掌控，成為日後蒙古在歐亞大陸上擴大規模的礎石。

蒙古君主的身邊有稱為怯薛歹（kešigten，蒙古語意為「值班者」）的禁衛軍組織，負責護衛君主及擔任宮廷內各種職務。怯薛歹共由一萬人組成，從千（百、十）戶長、王公貴族、被征服地的有力人士子弟中選拔有能的年輕人擔任，共分為四組，輪值警備工作，每次服勤三天。獲選怯薛歹的年輕人們與君主形成強烈的主從關係，禁衛隊透過對職務的鑽研與經驗累積，日後亦擔任軍事、行政工作，其中人才輩出，表現活躍，達到幹部養成機構的機能。怯薛歹制度廣布到成吉思汗家族的各兀魯思中，成為從各方面支撐蒙古帝國發展的組織。因在北魏與契丹也可見到類似的制度，推測蒙古亦是繼承過往王朝的傳統並加以應用發展。

成吉思汗的對外戰爭

成吉思汗統一蒙古高原給中亞方面帶來一定衝擊。自一二〇九至一二一一年為止，原本喀喇契丹統治下位於東突厥斯坦地區的高昌回鶻與葛邏祿皆殺害了喀喇契丹的派遣官員，投降於成吉思汗。

高昌回鶻的來降格外重要，因為除了擁有回鶻商人的情報網，還有累積超過三百年如何維持獨立的智慧與經驗，這些都被活用在蒙古建國上。其中的顯著貢獻之一，可舉文字一項。原本蒙古人並沒有文字，他們從回鶻人處習得回鶻文字（基於粟特文字創造來書記突厥語的文字），並用以表記自己的蒙古語，之後成為傳統的蒙古文字固定下來，至今仍被中國內蒙古地區沿用。順帶一提，蒙古文字也成為日後清朝滿族文字的基礎，用以書寫滿語。粟特文字、回鶻文字的系譜給歐亞大陸東方的文字文化帶來重大的影響。

回到成吉思汗，他於一二一一年對金朝展開遠征，在此之前位於陰山一帶原本臣屬金朝的突厥系汪古部（又稱白韃靼，以信仰東方基督教的景教聞名）歸附蒙古，除此之外包括契丹人在內位於大興安嶺周邊的游牧軍團皆一同叛金歸附蒙古，此舉造成金朝北疆防衛崩毀。輕易突破邊境防線的成吉思汗軍隊於西元一二一三年包圍金朝國都中都，偏偏此時在中都迎擊蒙古軍卻遭遇失敗的金朝大將因恐懼被究責，竟發動政變殺害皇帝衛紹王允濟（世宗之子，一二〇八—一二一三年在位），改立章宗同父異母的兄長為帝，即金宣宗珣（一二一三—一二二四年在位）。眼看已經沒有任何抵抗蒙古軍的方法，金朝提出將衛紹王的女兒獻給蒙古，並每年納貢金、銀、絹等條件請和。成吉思汗接受並暫時撤兵，金朝在千鈞一髮中度過滅國危機。

然而，驚恐不已的金國朝廷打破與蒙古的約定，將首都遷至汴京（河南省開封），此事以當年年號為名稱為「貞祐南遷」。成吉思汗見狀於西元一二一五年再度南侵，攻陷中都。此後蒙古軍隊在河北、山東一帶肆意蹂躪，各地居民因恐慌而逃往黃河以南，導致國都汴京一帶人口高達數百萬，發生嚴重的糧食短缺問題。另外，得知金朝困境的南宋停止支付歲幣並毅然斷交，之後兩國關係未再修復。

接著成吉思汗於一二一八年派遣遠征軍攻滅西鄰的喀喇契丹。控制帕米爾高原以東地區的成吉思汗，翌年起開始遠征在西突厥斯坦興起的新興國家花剌子模王國，兩年後消滅該國。花費長達七年時間結束了在中亞的遠征後，一二二五年成吉思汗凱旋回到蒙古本土，接著馬不停蹄出發遠征西夏。西夏曾一度臣服於蒙古，但當成吉思汗遠征花剌子模時卻拒絕提供協助，故此時成為蒙古軍征討的對象。蒙古軍隊在進攻西夏之際的一二二七年夏天，成吉思汗突然在避暑的六盤山野營處死亡，但蒙古軍仍持續進攻，並迅速攻破西夏國都中興府（原興慶府，今寧夏回族自治區銀川），繁榮了近兩百年的西夏終於滅亡。征戰一輩子的成吉思汗，以他一個世代的時間將蒙古版圖擴張到東至大興安嶺東麓，西至中亞呼羅珊的程度，國土廣大到覆蓋了內亞的中央區域。

金朝滅亡

成吉思汗死後兩年，蒙古汗位一直空缺，至一二二九年忽里勒臺大會上才由第三子窩闊臺（元太宗，一二二九—一二四一年在位）即位。窩闊臺也接受過往可汗（Khan，又稱大汗，合罕）稱號，這是蒙古語的君主稱號中首次稱「可汗」（漢語則為皇帝），其他君主只稱「汗」，有著明確區分。之

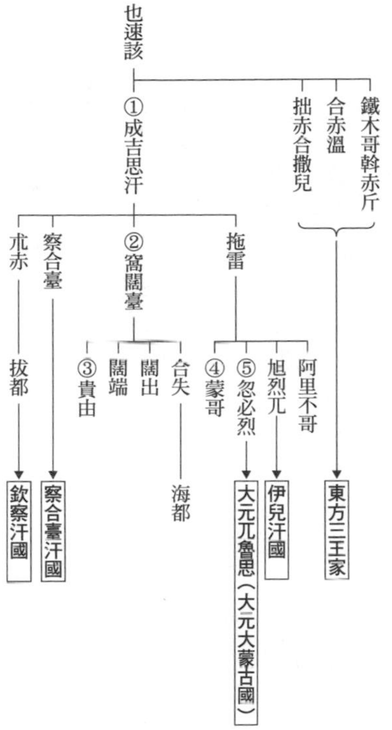

圖 28　蒙古帝國簡略世系圖

後，在蒙哥、忽必烈以降僅有蒙古皇帝才能使用窩闊臺創始的「可汗」稱號。

窩闊臺的時代繼承蒙古開國者成吉思汗的遺志，不斷遠征再遠征。首先於一二三〇年為滅掉金國進攻華北，一二三二年於汴京南郊擊潰金軍，兩年後金朝末代皇帝哀宗守緒（寧甲速，一二二四—一二三四年在位）於蔡州（河南省汝南）自縊身亡，至此金朝終於覆亡。蒙古開始直接統治部分中國本土。

在此之前，當金朝遷都汴京以後，華北地區蒙古統治的僅有燕京（舊中都）及其周邊，金朝實際上已經放棄對地方的統治，因此黃河以北陷入無政府狀態，出現大量流民，饑饉四起，人口銳減。特別是難民擁入的汴京於一二三二年出現瘟疫大流行，導致死亡人數超過九十萬的悲慘狀況。華北各地武裝自衛集團自立，包含真定（河北省正定）史氏、東平（山東省東平）嚴氏、益都（山東省濰坊）李氏等在內的許多漢人軍閥抬頭，確立各自的一定統治範圍。華北陷入大混亂中，這些軍閥勢力範圍成為流離失所者的避難地，許多知識分子也流寓至此，他們與後述的全真教同樣成為保存與傳承華北傳統學術及文化的重鎮，具有重要的意義。

蒙古確立對華北的統治

蒙古政權滅金之後立即對華北局勢進行戰後處理，以各地居民為對象做人口調查並整理戶籍，接著於一二三六年（丙申年）根據整理完成的戶籍資料，對皇族諸王及各游牧部落的族長、功臣等有力人士進行領地分封與居民分配。這些被分封出去的領地稱為「位下」或「投下」（投下在中文史料中亦記作頭項、頭下或投項，意為封地、采邑）。這次分封稱「丙申年分撥」（劃境之治）。被統稱為投下的封地（領地）以蒙古高原游牧地的配置為基準，河東（山西）一代屬成

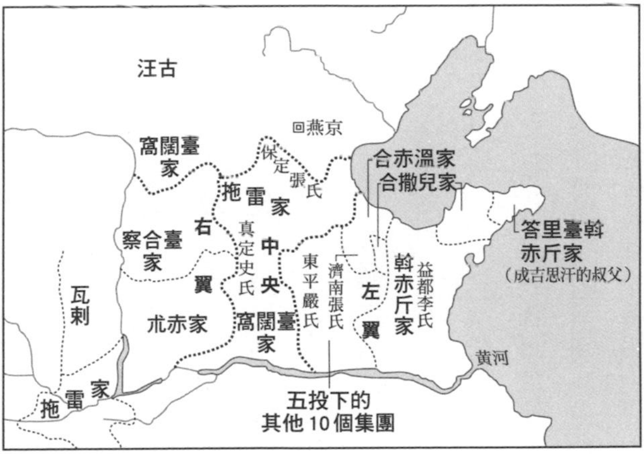

圖 29　華北的蒙古投下

吉思汗諸子一族（右翼），山東一帶屬成吉思汗諸弟一族（左翼），中間地帶則屬拖雷一族（中央）。至於在金朝滅亡之前一些協助過蒙古的漢人軍閥，他們的勢力範圍雖然也被統整，但仍承認他們的統治權，這些區域分布在投下之間，二制同時並存。

從之前的一二二〇年代起，蒙古政權即在華北與突厥斯坦等農耕地帶設置財政機關，可汗委任回鶻與穆斯林商人等擔任財務官僚（後述），建構了恆常性的徵稅制度，在華北徵稅的內容有穀物的稅糧（包含人頭稅的丁稅與土地稅的地稅），以及繳納給中央政府與投下領主雙方的絹絲。此外，一二五〇年代當地漢人軍閥自行徵收稱為「包銀」的錢稅，日後也被蒙古政權推廣到對整個華北地方徵收。絲料與包銀合稱「科差」，華北自此一改唐代中葉以降持續沿用的兩稅法，導入此一新稅制。

另一方面，在蒙古本土窩闊臺從一二三五年起於鄂爾渾河流域的平原地帶開始建設新都城哈拉和林（Qaraqorum），都城南北長二・五公里，東西寬一・五公里，除宮殿外尚建有市場、作坊、官僚宅邸與各種宗教設施等。與契丹皇帝相同，蒙古的可汗也一貫維持游牧的生活方式，並不居住於都城的宮殿中，因此哈拉和林的建設實際上誇示蒙古威權的成分濃厚。此外，蒙古也以契丹為範本導入驛傳制度（站赤），建構官營的交通、通信網絡，並配置稱為「脫脫和孫」的街道警備隊，保障使用者旅途安全。如此一來，蒙古帝國統治下連結歐亞大陸東西方的人與貨物得以繁盛往來。

一二三六年蒙古發動兩項遠征：朮赤的次子拔都（一二〇七—一二五六年）擔任元帥遠征西方；窩闊臺的三子闊出（？—一二三六年）擔任元帥遠征南宋。拔都的西征軍將欽察草原（南俄草原）納入統治，軍隊抵達俄羅斯與東歐，拔都就此停駐窩瓦河畔。此次西征讓朮赤家族的領土遍及從阿爾泰山西麓一直延伸到南俄為止的廣大範圍，稱為欽察汗國（蒙古語稱朮赤兀魯思，另也稱金帳汗國〔Golden Horde〕）。而對南宋遠征卻一直沒有任何成果，至一二四一年因窩闊臺過世而停止南征。蒙古對南宋的戰爭從最初便陷入苦戰的狀態。

蒙哥時代的對外遠征

窩闊臺死後約十年，蒙古政權因內鬥而陷於混亂。一二五一年繼位的是拖雷之子蒙哥（元憲宗，一二五一—一二五九年在位）。蒙哥是在排除大量反對聲浪後才得以即位，因此他登基後對反對自己的窩闊臺家族與察合臺家族施以嚴懲，大幅削減兩家族封地。蒙哥強硬的態度也埋下了禍根，造成日後蒙古的內爭。

蒙哥時期發動大規模遠征，派遣大弟忽必烈（一二一五—一二九四年）南征宋朝，二弟旭烈兀（一二一八—一二六五年）西征伊朗。赴西方遠征的旭烈兀於一二五八年攻陷巴格達，消滅阿拔斯帝國，接著進攻西邊的敘利亞後，於伊朗西北部的亞塞拜然草原地帶設置據點，建立伊兒汗國（旭烈兀兀魯思），將伊朗納入蒙古統治下。

同時，在東方的忽必烈負責窩闊臺時代失敗的對南宋戰爭。忽必烈先攻下雲南的大理國，之後暫時返回南蒙古草原，一二五六年於金世宗熱愛巡幸的金蓮川建設名為開平府（內蒙古自治區正藍旗）的城郭都市。忽必烈對南宋的進攻採取慎重策略，蒙哥則希望採用急攻，兩人戰略路線的差異日益明顯，最終蒙哥解除忽必烈職務，親自率軍出發遠征南宋。然而因新任主將失策，導致蒙哥再度起用忽必烈，接著在長期化的對南宋戰爭中進攻四川的蒙哥竟罹患軍營中爆發的瘟疫，於一二五九年夏天死於重慶附近。在北方游牧民族不習慣的高溫多濕氣候中持續作戰，蒙哥無奈染病身亡」。

二、忽必烈與大元兀魯思

忽必烈奪權

蒙哥驟逝後，一二六〇年從對南宋作戰前線，也就是長江中游要衝鄂州（湖北省武漢）返回開平府的忽必烈（元世祖，一二六〇—一二九四年在位），與負責留守蒙古本土的么弟阿里不哥（？—一二六六年）皆主張自己是蒙哥的後繼者，相繼宣布即位，出現兩人並稱可汗的狀況。

支持忽必烈的是成吉思汗諸弟家族組成的東方三王家與五個有力部落集團「五投下」（扎剌亦兒、弘吉剌、亦乞列思、兀魯兀惕、忙兀惕等五部），即以東方為基礎的左翼勢力。其中弘吉剌惕一族世代與成吉思汗家族通婚，這支姻親歷代皇后輩出，被稱為駙馬家，日後也握有強大權勢。

另一方面，阿里不哥則獲得以舊蒙哥政權為主的派閥，亦即蒙古中央部與右翼各勢力的支持。從繼承蒙哥既定路線這點來看，阿里不哥確實具備正統性，因此形成忽必烈對阿里不哥揮刀相向，高揭叛旗的狀態。

然而在雙方的爭鬥中，忽必烈因握有來自中國本土的補給線而占據優勢，長達五年的對峙在一二六四年以阿里不哥投降，忽必烈獲勝作結。忽必烈為紀念獲勝將年號由中統改為至元，之後以唯一的一位可汗身分君臨天下。

建設大都與大元兀魯思

忽必烈在新政權樹立前後，將政權中心從過往的蒙古本土遷至自身即位前便熟悉的，跨越華北與南蒙古草原之農耕、游牧交界地帶。接著，他在即位前把根據地開平府升格為上都並作為夏都，在金朝中都東北方的相鄰場所新建大都城（今日的北京），作為冬都。忽必烈把這兩個相距大約三百五十公里的都城連結當作首都圈，維持游牧民族風俗每年反覆依照季節移動，且該季節性移動也被忽必烈後繼的歷代可汗踏襲。忽必烈遷移蒙古政權中心的理由，除了離支持新政權的左翼勢力根據地較近外，肯定也考量到如何在蒙古高原游牧軍事力量上納入中國農業生產力加以活用。

大都城的營建的核心人物為忽必烈漢人顧問之一的劉秉忠（一二一六—一二七四年）。營建開始於一二六六年，大都比舊都哈拉和林龐大許多，周長達到將近三十公里。大都城的輪廓大致被明清時代的北京城繼承（除了北側一部分遭拆除）。作為大都核心的皇城裡除了有保護宮殿的宮城，還鄰接著湖水（太掖池）與廣袤的綠地。

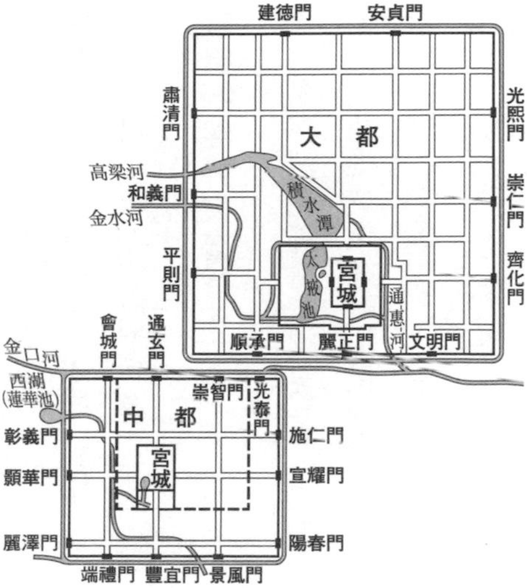

圖 30　元大都與金中都

大都城把原本忽必烈冬季營地區域以城牆圍繞，融合兼備蒙古游牧民族與中原定居民族的風俗特性。宮城區塊被明清兩代所踏襲，今日紫禁城即位於大都宮城的基礎上。此外，南側金朝的中都城在大都營建後仍被保存，稱之為「南城」，亦為構成大都城都市空間的要素。

一二七一年，根據中國古典著作《易經》制定國號「大元」，加上原本的國號後，正式國號為「大元大蒙古國」。之後這個忽必烈建立的王朝就被稱為「大元兀魯思」（中國通稱為「元朝」）。

官僚制度與文書行政

忽必烈在建構新國家時，也導入了過往蒙古未曾採用的、基於中國王朝制度的中央集權統治機構。中央政府組織由中書省（行政）、樞密院（軍事）、御史臺（監察）三個系統構成，中書省下設六部，但政府中樞仍由從怯薛歹提拔出來的可汗心腹擔任，實行承繼自游牧王朝傳統的親信政治。

在地方行政部分，一二六二年平定了與阿里不哥互通聲氣的山東益都軍閥李璮的叛亂後，隨之解散華北各地漢人軍閥集團，著手改變金朝以來的華北地方行政體系。除維持舊有的州縣制，其上還新設管轄範圍更廣一些的行政單位「路」，路的行政機構為總管府，掌管區域則配合投下作設定。「路」的總管府設有兩名長官，一名由投下領主任命，派遣人員擔任「達魯花赤」，承擔首長與督官職責，另一名則為由中央政府派遣的總管。達魯花赤主要負責軍事，位階較負責整體行政事務的總管更高。「路」總管府之下的府、州、縣同樣由投下領主派遣的達魯花赤及中央政府派遣的知府、知州、知縣管理，二者等級並列。

大都及其周邊地區，由中央政府的中書省直轄「路」以下的地方政府，稱為「腹裏」。腹裏外圍的各廣大區塊設中書省的外派機構，稱「行中書省」（簡稱行省），行省在該區域設有中心城市，統轄路總管府以下的地方行政。十四世紀初全國共設十個行省，之後成為定制。行省為明、清之後省制的起源，具備重要意義。

隨著蒙古帝國征服地的擴大，帝國也吸收各地文字與文化，從很早的階段即導入文書行政系統，以中國為據點的大元兀魯思不斷吸收中國王朝的文書制度傳統，完備了自身的文書行政體系，政府機關與官吏間的命令、通告悉數採用文書為之，文書行政系統高度發達。

大量的文書當中最重要的是可汗、蒙古王公、后妃、族長、大臣、將軍等發布的命令文書。他們以蒙古語口頭發布命令，書記以回鶻文字記下，再將文書檔案發送給各地受文單位以宣達上意。可汗的命令文書稱「札兒里黑」

（J̌arliγ，中文稱「聖旨」），其他的王族等發布之命令稱「üge」（音近「烏給」，中文稱「令旨」、「懿旨」等），在蒙古語中皆為「所說的話」之意。其中可汗的札兒里黑具有超越其他所有命令的絕對效力。這些命令文書在幅員遼闊的蒙古帝國中再依各統治區域的需要翻譯成當地的主要語言。大元兀魯思區域發給中國的文書主要翻譯成中文，不過這種夾雜蒙古語單詞、結構的「直譯體」形成特殊的中文，可以一眼便清楚認出這是蒙古的命令文書。

征服南宋

忽必烈在建立大元兀魯思的進程中，攻滅南宋成為近在眼前且必須實現的現實課題。南宋與蒙古之間存在東西向的漫長國境，東路的兩淮（淮河流域）流域有許多濕地區域，蒙古騎兵軍團推進不易，且過往蒙哥進攻的西路四川遠離南宋的中樞，因此位於中路的京湖（長江中游至漢水流域）成為最大要衝，在地政學上具有重要的意義。

京湖中最重要的據點是襄陽（湖北省襄樊），南宋在此地駐紮了精銳部隊進行固守。蒙古軍於一二六八年對襄陽展開攻擊，以龐大的規模四面築壘包圍隔漢水與襄陽相望的樊城，切斷宋軍南北聯繫並對此區域進行長達五年的反覆攻城作戰，最終使用來自西亞被稱為回回砲的最新型投石機攻破城牆，襄陽失守。

接著翌年的一二七四年，伯顏（一二三六—一二九四年）統帥之江南遠征軍以國都臨安（杭州）為目標開始進軍，已籌建水軍的蒙古軍自漢水下長江，各地宋軍接連降服。一二七六年南宋政府幾乎未加抵抗，蒙古軍兵不血刃，臨安開城投降。至此南宋已經滅亡，唯殘存勢力逃往福建、廣東，至一二七九年終於遭蒙古追兵殲滅。如此，蒙古時隔四百年再度達成中國的統一，完成當時漢語詞彙稱為「混一」的大業。

雖說完成了「混一」，但蒙古政權仍以蒙古語把金國舊領的華北稱作「契丹（Qidān）—乞塔惕（Qitad）」（中文稱「漢地」），南宋舊日的江南領地稱「蠻子」，明顯把這些地區當作外地來認知，並未將整體中國本土置於一元化的統治體系下。差異最明顯的就是稅制，江南與華北相異，採取南宋以來的兩稅法，在受戰爭破壞的許多地區使用宋代的土地紀錄為基準徵稅。但同時也導入行省、路制與達魯花赤，設定投下管理領域，重新整編對地方的統治體系，此部分仍受到蒙古統治的影響。根據江南設定的投下領地，蒙古王公、功臣獲得蒙古本土、華北、江南三地的分封地。

海陸交通網的形成與重商政策

隨著大元兀魯思征服江南，十三世紀前半建構起來連結歐亞大陸東西的陸上交通網也與原先南宋統治下發展成熟、包括海運在內的水路交通網連結，因此創造出了以大都為中心的交通、物流體系。原本因金朝與南宋分治而荒廢的大運河獲得整治，連結中國南北的水上交通大動脈恢復。此外元朝也從外港直沽（天津市）修建運河，這些運河都被引導至位於大都東郊外的通州（北京市通州區）為止。忽必烈命令通曉天文學、曆法及土木工程學的技術官僚郭守敬（一二三一—一三一六年）在有高低差的大都與通州間修建閘門式運河「通惠河」，如此一來大都與大運河及海運航路二者皆可連通，城內也建造名為積水潭的人工湖泊作為內港，藉此連接運河，面對港口處修築了巨大的市場，使世界上的各種物資都能集中於此。

關於各海域的交流，在蒙古霸權下東海、南海、印度洋、地中海各海域得以串連、活化並進行交流，南宋時期江南沿海已可見到的繁榮海上貿易景象（參見本系列叢書第二卷），在大元兀魯思的統治下仍舊持續。忽必烈時代的大元兀魯思向海外諸國派遣使節，並出動艦隊逼迫日本、越南、爪哇、緬甸與其建立貿易關係，積極拓展海上勢力。在十三世紀後半還出現了兩次遠征日本（日本史上所謂的「蒙古襲來」）的作戰，但大部分時期都是民間船隻進行活躍的海上貿易，蒙古政權也沿襲南宋制度，在泉州等主要港市設置市舶司以管理貿易及徵稅。

從日本與大陸的交流

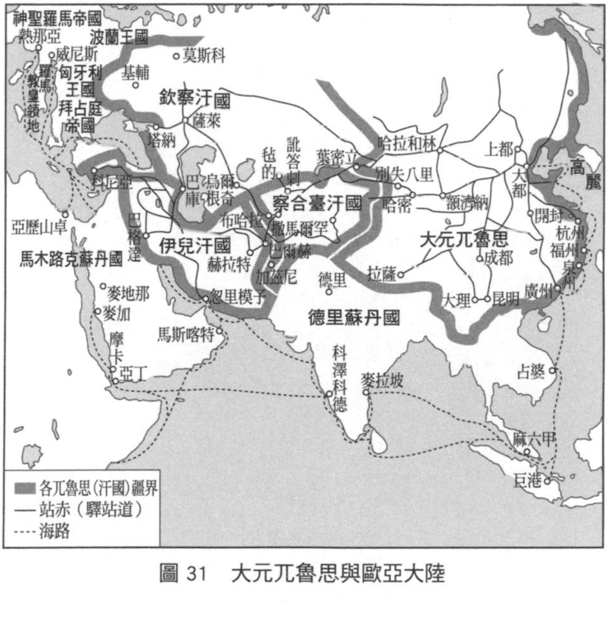

圖 31　大元兀魯思與歐亞大陸

（日元交流）來看，十四世紀時呈現出前近代中最繁榮的景氣狀態。幾乎每年都有貿易船往返博多與慶元（浙江省寧波），以取得營建寺廟費用為名義的「寺社造營料唐船」頻繁自日本出航，而擔任文化交流主要推手的是源自南宋新佛教宗派的禪宗僧侶們，除了來自大陸的僧人（日本稱「渡來僧」）外，日本的禪僧們也興起了空前的大陸留學潮。除了透過他們交流禪學等佛教思想外，範圍更廣及儒學、史學、詩文、書法、繪畫、茶道等學問、技藝，以及醫學、天文學、建築等技術，甚至一般日常食衣住行等，從南宋到元代皆如巨流奔騰般湧入日本，讓日本南北朝、室町幕府以降受到更強烈的大陸文化影響，並逐漸形成了日本傳統文化的基礎。

忽必烈政權在規模廣達歐亞大陸的繁榮貿易背景下，接納了穆斯林商人的獻策，於財政、經濟政策上推動重視通商的重商主義路線。原本蒙古從成吉思汗的時代起，就在從中亞往西亞拓展疆土的過程中與回鶻人或穆斯林御用商人建立起緊密的合作關係，由被稱為「斡脫」（突厥語中為「好友、夥伴」之意）的共同出資者組建商行組織進行商業活動。在窩闊臺與蒙哥時代他們擔任財務官僚，承包中國華北與突厥斯坦定居農耕地帶的徵稅業務，此部分如同前文說明（參見本章「蒙古確立對華北的統治」小節，二一九頁）。忽必烈踏襲此前蒙古帝國的政策，提拔並重用伊朗系的穆斯林商業勢力，命其制訂大元兀魯思的財政經濟政策。其中最具代表性的是中亞出身的阿合馬（Ahmad，?—一二八二年）。阿合馬在忽必烈時代初期獲得提拔，設立「制國用使司」與「尚書省」等財政經濟專門府衙，在長達約二十年的期間內鐵腕推行大元兀魯思的財務行政。

大元兀魯思的經濟政策

那麼，忽必烈開始的大元兀魯思經濟政策具體而言究竟為何？

第一，以銀本位經濟為基礎導入紙幣制度。蒙古在統一歐亞大陸的過程中，選擇蒙古時代以前便使用的銀貨作為大範圍通用的貨幣。以重達兩公斤、中文裡稱為「錠」的銀塊（五十兩，一兩等於四十克）為基準，在歐亞大陸各地進行貨幣統一。透過將徵稅與納貢銀集中於蒙古朝廷，接著再由前述的斡脫商人流通於歐亞大陸東西。在大元兀魯思統一江南連結起海陸交通的十三世紀後半，甚至可以稱為「最初的銀世紀」（根據經濟史學家黑田明伸的說法），銀的使用發達到前所未有的規模。這波銀本位經濟顯然領先於十六世紀以後那波以全球規模展開的銀本位經濟，大元兀魯思的此種現象雖然值得注目，但蒙古時代的銀貨流通仍無法充分滿足各地活化的貿易需求。為此，忽必烈政權發行了可以兌換金、銀，稱為「中統元寶交鈔」（中統鈔）的紙鈔，藉此補足中國銀貨的不足。最初中統鈔與銀貨並用，但逐漸政府收支與民間交易雙方都普遍使用中統鈔，以後遂成為政府財政的一貫主軸。

第二，朝廷的稅金收入以鹽稅與商稅等針對商業流通的課稅為主。鹽商須向官方購買名為「鹽引」的憑證才能支鹽販賣，藉此徵收的鹽稅占元朝政府紙鈔財政的五到八成。商稅也達財政收入的百分之十五。元朝商稅的稅率僅在販賣地收三十分之一的營業稅，與宋朝每通過一個州就得徵收百分之二的「過稅」，加上市場販售時還得徵收百分之三的「住稅」相較，稅率更低。換言之，蒙古政權廢除成為物流障礙的過稅，獎勵遠距離交易。只是，這種把商業流通的課稅當成財政中心的做法，與立足於農業生產課稅的中國王朝傳統稅制明顯乖離，因此飽受漢人官僚的批評。

第三，統一南宋後發生一個狀況，即財政營運依賴擁有高度生產力的富庶江南。鹽稅方面，光是中國最大鹽產地的兩淮（江蘇省）就占全國鹽稅收入的四成。此外，由江南透過海運輸往大都的米，最高曾達一年三百萬石的程度。

簡而言之，大元兀魯思以鹽稅與商稅為主的稅制加上透過穀物海運，打造出一套將江南為中心的中國本土財貨汲取至蒙古朝廷的制度。透過在中國的稅收加上歐亞大陸規模的商業貿易利益，讓大元掌握了莫大的財富。而朝廷最大的支出，是對支撐大元兀魯思的游牧民族集團的賜予和賑救。歷代可汗大方分配財富，藉此獲取下屬游牧民族的支持與臣服。過往光靠純粹的游牧經濟並無法取得的財富，在大元兀魯思的統治下源源不斷注入草原游牧民族。

蒙古帝國的多元化

自成吉思汗即位以來，蒙古帝國在可汗的權威下形成一個統一的政權，但隨著版圖的不斷龐大化，以當時的通訊、交通技術已經難以維持單一政體繼續執行統治，因之最終形成分立於各區域的多個蒙古政權。

首先，從欽察草原到哈薩克草原（南俄草原）一帶以拔都西征為契機，於一二四〇年代成立了朮赤兀魯思（欽察汗國）。稍晚的西亞伊朗則由旭烈兀於一二六〇年以後駐紮當地，樹立了旭烈兀兀魯思（伊兒汗國）。

之後當忽必烈與阿里不哥爭奪帝位時，在中亞窩闊臺家族的海都（？—一三〇一年）興起，海都不僅糾集了窩闊臺家族、察合臺家族，還吸納了遭忽必烈政權排除的勢力，於一二八〇年代形成幾乎可以稱為海都兀魯思的一大勢力。

到了忽必烈晚年的一二八七年，支持忽必烈政權樹立的最大後盾——東方三王家（左翼三宗王）發生叛變，也就是斡赤斤家的當家乃顏發動的乃顏之亂。西方的海都也奮起呼應，讓忽必烈政權面對最大的危機。不過年老的忽必烈立即率大軍出擊，打敗乃顏。這場後續又花了六年鎮壓餘黨的大叛亂，最終以東方三王家更換首領才使局勢恢復平穩。

一二九四年，忽必烈以八十歲之齡過世。忽必烈生前原指定實際上的嫡長子真金（一二四三—一二八五年）繼位，身為皇太子的真金被任命統治華北，一段時期裡權勢龐大，甚至有凌駕忽必烈之勢，但卻比忽必烈早逝，因此最終由真金的三男鐵穆耳（元成宗，一二九四—一三〇七年在位）繼位。

鐵穆耳一即位，許多追隨海都的有力王族皆來降，海都產生危機感遂於一三〇一年率大軍進攻蒙古本土，但鐵穆耳的姪子海山（日後的元武宗）率大元兀魯思軍在阿爾泰山一帶擊退海都，海都此時負傷，之後因傷過世。一三〇三年海都方面的有力王族宣誓效忠鐵穆耳，海都兀魯思瓦解，超過二十年的紛亂於此告終。

之後中亞的窩闊臺家族與察合臺家族之間發生爭鬥，察合臺家族的都哇（？—一三〇七年）與大元兀魯思合作取得勝利，最終掌握中亞霸權的都哇成為察合臺兀魯思（察合臺汗國）的創立者。如此一來歐亞大陸各地計有大元兀魯思、朮赤兀魯思（欽察汗國）、旭烈兀兀魯思（伊兒汗國）、察合臺兀魯思（察合臺汗國），及成吉思汗後裔的蒙古政權並立的狀況。大元兀魯思作為宗主國與東西蒙古政權保持友好，重現較為緩和鬆散的團結關係。

三、歐亞大陸的東西交流與中國

多樣化民族集團的往來

從成吉思汗建國初始，蒙古帝國就是由多種部族形成的聯合體，智庫當中有包含回鶻人、契丹人、女真人、伊朗系穆斯林等外來者，他們是混和多種族的集團，合為一體便是「兀魯思」。這種情況在成立更早的內亞游牧民族王朝中屬於共通的特徵，但在蒙古帝國的例子中，除了版圖擴大到橫跨歐亞大陸東西的空前規模外，其人才晉用除包含當地有力人士的裙帶關係之外，也重視個人的才智、能力，但對人種、出身卻沒太大的區分或歧視。其結果便是，各蒙古政權成了來自各地人們組成的團體。

從忽必烈建立的大元兀魯思來看，突厥、蒙古系游牧民族負責軍事；回鶻人、契丹人、女真人、漢人、黨項人等擔任實際行政；伊朗系穆斯林掌握財務、經濟，這是大略的職責分配，不過包含歐洲人等來自各區域的人們也能依照他們能力獲得任用。

歷代游牧王朝皆曾採行把人群集團從原本的居住地遷移到他處利用的做法，但到了蒙古帝國時，其規模之大也反映到移動距離上，這種超長距離的遷徙案例屢見不鮮。例如原本居住於朮赤兀魯思（欽察汗國）統治之欽察草原（南俄草原）過著游牧生活的欽察（Qipchaq）、阿速（Asd）、康曷利（Qangli）等西方突厥系游牧民族，千里迢迢被移至蒙古本土接受重用，大元兀魯思成立後，他們以精銳部隊的身分成為可汗直屬禁衛軍隊的重要支柱。這些部族利用在皇帝身邊之便，從屬下的立場搖身一變取得權勢，到了十四世紀成為推動大元兀魯思政局的軸心人群。

蒙古與宗教

蒙古所屬各游牧民族因過著游牧生活，而在心中根植著對自然的敬畏，在這種背景下面對包括天地在內的萬物，他們相信皆存在著神明或精靈。游牧民族的社會中存在蒙古語稱為「博」（Boo〔Bohe〕，意為薩滿、巫師），突厥語稱為「喀木」（Qam，意為薩滿、男巫），漢語稱為「巫」的咒術、宗教人士（人們耳熟能詳的「薩滿」〔Shaman〕一詞即源自通古斯語系的語言），透過這些神職人員與上天神明、精靈等交流，舉行占卜、進行預言、治療疾病、舉辦喪葬等儀禮、儀式，這種薩滿信仰（Shamanism）廣泛滲透到各部落。薩滿信仰自古便是內亞狩獵游牧民族社會中廣泛共通的文化現象，本書中提及的匈奴、鮮卑、突厥、契丹、女真等皆具備同樣的信仰。

蒙古帝國的統治階層在擴大征服地區進入定居民族領地的過程中，原本自身擁有的樸素信仰雖與異質信仰接觸，但姿態上幾乎沒有特別偏袒某特定宗教。而站在統治手段的實際層面來看，因為各地宗教勢力已在當地社會扎根並具有強大的影響力，為了確保對當地的統治必須圓滑加以利用，取得被征服地的宗教階級配合，在此種實用性的目的下，蒙古統治階層大致賜予有力宗教勢力免稅等特權並承認其自治，寬容對待他們。從結果而言，進入蒙古統治下的許多宗教與蒙古政權之間保有聯繫管道，發展出以特定宗教領袖為核心的教團化、集權化現象。簡要言之，在蒙古的統治之下，歐亞大陸各地的宗教勢力也出現了重新整編的狀況。

大元兀魯思統治地的宗教

首先說明中國宗教的具體情況。十二世紀金國統治下的華北，太一教、真大道教、全真教等新興道教團體相繼誕生。十三世紀前半蒙古勢力進入華北時，迅速依附蒙古藉以拓展勢力的是王重陽（一一一三—一一七〇年）創立的全真教。繼王重陽之後接任教主的丘處機（一一四八—一二二七年）受邀前去與正在遠征中亞的成吉思汗相見，並獲得成吉思汗的許可統領華北道教，且全真教的道觀、道士皆享免稅特權。此後，與蒙古關係匪淺的全真教持續擴大在華北的宗教勢力。另一方面，當大元兀魯思統一江南後則由南宋以來興盛的正一教獲得蒙古政權公認並擴大勢力。日後至明清兩朝為止，北全真南正一的中國兩大道教勢力一直存續下來。

佛教方面，金代以來流傳於華北的曹洞宗、臨濟宗、雲門宗等禪宗諸派，與華嚴宗等既存宗派皆獲政權保護，同時新與蒙古皇族結交的藏傳佛教也正式於中國傳播。藏傳佛教宗派之一的薩迦派高僧八思巴（一二三五—一二八〇年）獲得忽必烈的信任，成為國師並被任命為帝師，成為大元兀魯思全體佛教的統領人物。大都內外除接連建設佛教寺院外，每年舉行稱為白傘蓋的藏傳佛教儀式，並將忽必烈定位為轉輪聖王（佛典中稱頌之理想帝王），這也包含了藉由轉輪聖王神威保護國家的意義。十二世紀的階段僅流傳於西藏本土與西夏統治下河西走廊一帶的藏傳佛教，在大元兀魯思王權支持下發展為鎮護國家的佛教，在歐亞大陸東方獲得廣泛傳播。藏傳佛教以蒙古時代為興盛的起點，明朝時仍流行於朝廷，除此之外到了十六世紀也在蒙古的游牧民族間普及，更廣及滿族並在清朝統治下蔚為風行。

東方基督教會之一的聶斯脫里派教會，於七世紀由薩珊王朝傳至唐代中國，在中國被稱為景教。日後至蒙古帝國成立之前的十二世紀為止，在蒙古高原的克烈、乃蠻、汪古等游牧部落中廣為流傳，被納入蒙古帝國後景教徒足跡便踏遍帝國治下各地。例如在大元兀魯思，大都西郊的房山即建有稱為十字寺的教會。出身此處的回鶻人景教徒拉賓掃務瑪（Rabban Bar Sauma，又稱拉班・掃馬、巴・掃馬）於忽必烈時代朝歐亞大陸西方出發，途經旭烈兀兀魯思（伊兒汗國）的巴格達，最終抵達西方巴黎為止的事蹟便相當有名。

伊斯蘭教也與蒙古甚早發展深厚關係。成吉思汗的下屬中有穆斯林一事眾所周知，穆斯林的斡脫商人也深入蒙古朝廷，更以財務官僚的身分於財政、經濟方面大展身手，此部分如前所述。

自宋代起穆斯林便開始居住的福建泉州，於十四世紀前半建立了正式的西亞建築風格清真寺（寺名「清淨寺」，位於今泉州市鯉城區），至今仍存，這也忠實反映出大元兀魯思透過海路與伊朗方面保持著活躍的交流。此外，不僅在泉州，廣州、福州、慶元、杭州、揚州等江南各地港灣都市中，都居住了大量出身於中亞、西亞並從事商業貿易活動的穆斯林。伊斯蘭教東傳早在唐朝便可見到，但一種學說認為，百萬甚至超過此數的穆斯林正式遷居中國本土乃在蒙古時代。就此定居於中國之後，仍維持回教信仰的穆斯林，也成為現代中國少數民族之一回族的根源。

歐亞大陸東西文化的交流與融合

蒙古帝國的統治者們非常重視有用的情報、知識、學術與技術。隨著帝國版圖的擴大，蒙古政權除了在各地招募通曉天文學、曆法、數學、醫學、藥學、土木工程學、農學等實用學問的專家們，也熱心從事培養這類人才，以今日的說法便是推動科學技術發展政策。帶來的影響是當蒙古帝國版圖擴大至歐亞大陸規模時，歐亞大陸東西的學術與知識便在蒙古政權下匯集交流。

例如，出身中亞的學者札馬魯丁（Jamal ad-Din，又作札馬剌丁）於西元一二六七年從旭烈兀兀魯思（伊兒汗國）統治下的伊朗前往朝見忽必烈，並帶來包含天文學在內的各種學術書籍、地球儀、天體觀測儀器等。此外，為與過往中國既存負責觀測天文的機構司天臺區別，忽必烈在大都另設以伊斯蘭天文學為基礎的回回司天臺，並命札馬魯丁擔任名為祕書監的科技統籌府銜首長。之後又在全國設置了超過二十處觀象臺（天文觀測所），前述的郭守敬與王恂（西元一二三五—一二八一年）利用這些觀象臺所得觀測資料制定了非常優秀的「授時曆」。

作為蒙古時代歐亞大陸規模交流象徵的器物，可舉日本稱為「染付」的「青花」磁器，在此略作介紹。青花這種磁器使用被稱為「回回青」的鈷藍染料，於白底磁器畫上色彩鮮豔的各式藍色花紋模樣，並在中國江南最大陶磁產地之一的江西景德鎮製造。陶磁器在宋代已經是出口的熱門商品，到了元代中國陶磁器與西洋顏料融合，產生出新的產品，於歐亞大陸各地廣獲好評。透過在歐亞大陸多處遺跡發現的陶磁片，得以清楚佐證包括青花在內的中國陶磁器從中國透過海陸兩種途徑大量輸出的狀況。這也是當時歐亞大陸規模交易有多麼暢旺的確切證

圖 32　青花騎馬人物文壺（出光美術館）
基於當時蒙古人的風俗描繪元曲場面之一。

據。這個時代保存下來的青花精品也珍藏於伊斯坦堡托普卡匹皇宮（Topkapı Palace）與伊朗西北部阿爾達比勒市（Ardabil）的謝赫薩菲・丁聖殿（Sheikh Safi al-din Khānegāh），這些青花磁聞名世界，皆為屈指可數的精品。

蒙古統治下的中國文化

蒙古帝國的統治者尊重各征服地的傳統文化。在中國，蒙古政權也一貫保護傳統文化核心的儒家思想。孔子出生地，位於山東省曲阜的孔廟因蒙古侵略加上金朝末年的混亂而燒毀，但進入蒙古統治期後在蒙古王族與政府相關人士的援助下獲得重建，並封曲阜孔家宗族長為衍聖公，准許擁有免受徵稅的特權。此外，各地政府與政治上的有力人士也資助創建或重建儒學官學（附設孔廟的官營學校，設於路、府、州、縣城）與書院（私立的學堂），使儒學教育廣布各地。

此時流傳的儒學教育立基於南宋興起的朱子學新學派（參見本系列叢書第二卷）。十三世紀前半朱子學從江南向北傳播至金朝舊領的華北，當地也出現了如許衡（一二〇九－一二八一年）、劉因（一二四九－一二九三年）等深具影響力的學者。元代中國的朱子學一改漢唐以來的訓詁學傳統，成為儒學的主流。此外，長期荒廢的科舉也於元仁宗愛育黎拔力八達一朝的西元一三一四年恢復，官方並宣布以朱子學為經書解釋的依據。如此元代興盛的朱子學被日後的明朝繼續踏襲，並傳播到同時代的高麗與日本，給之後東亞學術動向帶來莫大的影響。

關於科舉另外要追加說明一點，之前的契丹或金朝統治中國時，科舉是選拔漢人官僚擔任實際行政業務時的手段，但蒙古展開統治時中國科舉制度遭廢止，漢人想要當官大概不是從軍取得戰功，就是必須到府衙擔任掌管文書的「吏」累積職業經歷，想要獲得提拔、升官幾乎都需要與蒙古王公或有力人士攀上關係。日後元代雖然恢復科舉並實施了十六回，但應試者仍少於金朝與南宋。科舉重開確立了朱子學全盛的趨勢，在學術上雖具有意義，但在登用官僚的層面上意義相對較小。

大元兀魯思的內部紛爭

一三〇七年元成宗鐵穆耳過世後，大元兀魯思的政局亂象紛呈。在阿爾泰方面擔任前線指揮官的鐵穆耳姪子海山獲得蒙古王公們廣泛的支持，率大軍南下登基，是為元武宗（一三〇七—一三一一年在位），但四年後驟然而逝，皇太后答己（又譯妲己、塔濟，出身蒙古弘吉剌部）掌握實權，立海山之弟愛育黎拔力八達為帝（元仁宗，一三一一—一三二〇年在位）並盡除前朝政權首腦。接著其子碩德八剌（元英宗，一三二〇—一三二三年在位）即位，待答己過世，碩德八剌正準備開始親政時，卻遭到反對派暗殺。

後繼的也孫鐵木兒（元泰定帝，一三二三—一三二八年在位）過世後，政權分裂為上都與大都兩派，以大都為據點率領欽察軍團（參見本章「多樣化民族集團的往來」小節，二三七頁）的海山派燕帖木兒（?—一三三三年）擁立海山遺子圖帖睦爾即位（元文宗，一三二八—一三三二年在位），在歷經了兩個月的內戰後獲得勝利。但亡命中亞的圖帖睦爾兄長和世㻋獲得察合臺兀魯思（察合臺汗國）的援助返回蒙古本土，於哈拉和林宣布即位（元明

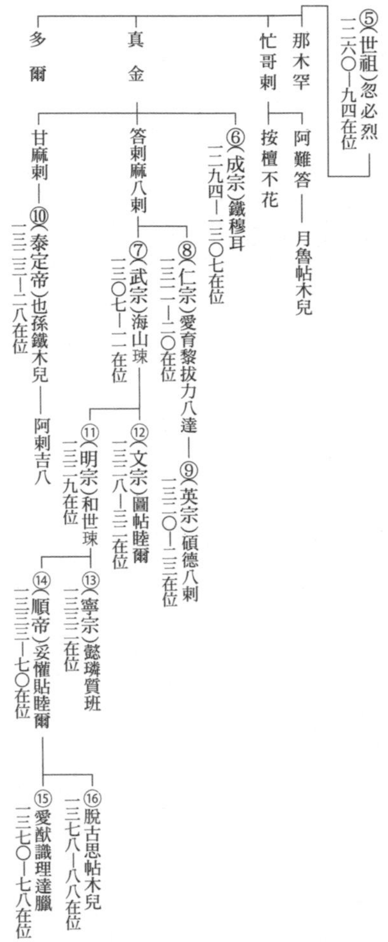

圖 33　忽必烈家族（大元兀魯思）
簡略世系圖

宗，一三二九年在位）。知道無法與和世㻋領導之游牧軍團抗衡的燕帖木兒，暫時表現擁戴和世㻋的態度，卻在上都近郊出迎時暗殺了和世㻋。從西元一三二八年到翌年的這一連串紛爭史稱「天曆之變」。自此大元兀魯思的政局由類似欽察軍團燕帖木兒這樣的禁衛軍領袖掌握，可汗喪失權威。

之後，圖帖睦爾在位僅三年而崩，中間夾著即位僅一個月又十一日的幼帝元天順帝阿剌吉八，之後由和世㻋長子妥懽貼睦爾（元惠宗、順帝，一三三三—一三七〇年在位）登基。妥懽貼睦爾在漫長治世中一直苦於政權的內爭與異常氣候引發的各種叛亂。

「十四世紀的危機」與大元兀魯思的解體

自進入十四世紀起，北半球大範圍進入寒冷期。古氣候學認為這是持續至十九世紀為止的「小冰期」起點。一三二〇年代後歐亞大陸各地明顯出現氣候異常，因天災造成的歉收導致饑饉與傳染病蔓延，其中一三四〇年代中期起由西亞傳向歐洲的鼠疫（黑死病）發生大流行，造成人們熟知的人口驟減。這場由氣候變化引發歐亞大陸規模的危機稱為「十四世紀的危機」。在這場危機中各地蒙古政權風雨飄搖，逐一走向崩解。

一三四〇年代後，包括黃河氾濫在內接連發生天災，造成饑饉與傳染病橫行，在這種背景下祕密結社的白蓮教徒在各地頻繁發動叛亂，史稱紅巾之亂。同時，蒙古政權內爭頻傳，一三五四年前往鎮壓江南叛亂的最高掌權者脫脫（一三一四—一三五五年）遭朝中彈劾而失勢，朝廷軍隊的指揮系統因此分裂弱化，鎮壓叛亂因而失敗。之後紅巾軍勢力更加猖獗，與其對抗的軍閥也隨之抬頭，中國本土各地形成獨立勢力割據的狀態，朝廷則失去了最大收入來源的江南。從紅巾軍中迅速發展起來的朱元璋（明太祖、洪武帝，一三二八—一三九八年）在江南建立勢力，於一三六八年登基稱帝，國號「大明」。同年，明朝軍隊向北揮軍，攻陷大都、上都的大元兀魯思首都圈，蒙古在中國一百三十餘年的統治也宣告結束。

然而，此後二十餘年時間以蒙古高原為根據地的大元兀魯思（中國史稱放棄大都後的蒙古政權為「北元」），依舊保持與明朝南北對峙的局勢。一三八八年妥懽貼睦爾之子脫古思帖木兒（天元帝，一三七八—一三八八年在位）被明軍擊敗後於逃亡途中被阿里不哥子孫的也速迭兒（卓里克圖汗）殺害，至此忽必烈王朝斷絕。之後雖然還擁立成吉思汗後裔作為可汗，但西方的蒙古部族瓦剌（Oirad）勢力抬頭並掌握了實際權力。十五世紀初明成祖朱棣（一四〇二—一四二四年在位）模仿忽必烈想要統一蒙古，數度親征蒙古高原北部，最後以失敗告終，明朝終究無法把包括蒙古高原南部在內的蒙古高原及東突厥斯坦納入版圖。日後明朝因軍事上處於劣勢，故在與蒙古交界的地帶修建龐大的城牆固守，這就是今日中國本土北邊可見的「萬里長城」（關於明朝的詳細說明，請參見本系列叢書第四卷）。

十四世紀後半元、明交替時的氣候異常及伴隨而來的戰亂，為整個中國本土的社會、經濟、文化留下深刻的烙印，人口也因此驟減。特別是華北的河南、河北、山東荒廢狀況非常嚴重。此外，北宋以來幾乎沒有大規模戰亂，開發順利並獲得長足發展的江南，在這段期間也蒙受大範圍的打擊。加上歐亞大陸各地蒙古政權崩解，貫通東西的交流迅速冷卻，中國本土也受到影響，自宋代以來以江南為中心的活絡商業狀況，此時也難逃嚴重受挫。

終章

回首四世紀至十四世紀歐亞大陸東方的歷史展開，可以重新看出一路以來中國本土與內亞東部草原地帶的歷史有多麼深刻的相關。即便雙方偶爾出現幾個王朝分治的狀態，從大局來看，實際上仍可看作沒有界線的一個相連空間。

其中的焦點，便是兩者交界地帶的「農耕、游牧交界地帶」（參見序章「農耕、游牧交界地帶的歷史重要性」小節，二八頁）。亦即，本書依序說明的，自北魏的拓跋國家（大同盆地—陰山山脈）開始，突厥（第二突厥汗國）（陰山山脈）、安史勢力（北京地區）、沙陀（大同盆地）、契丹（大興安嶺南麓）、黨項—西夏（鄂爾多斯—寧夏平原）、女真—金（滿洲平原）、一直到大元兀魯思（北京地區—南部蒙古草原）為止，跨越了非常長的時間段，無論何者都興起於狩獵游牧與農耕皆可的區域，於這些地帶立基建國。簡單來說，正是這種不同營生方式與文化接觸的交界地帶，才是推動歐亞大陸東方或者中國歷史的動力產生區域。

西元前三世紀，以華北為中心的中國王朝（中原王朝）秦、漢，與以蒙古高原（北部）為據點的游牧王朝匈奴形成南北對峙，一段期間內塑造了歐亞大陸東方史的基本結構，但當匈奴衰退、漢朝分崩離析的過程中，這兩個類型相異的王朝國家之間壁壘不再，進入雙方交錯、融合的時代。

融合的契機便是受氣候寒冷化影響，游牧民族南下中國本土的所謂「五胡十六國時代」。在這場戰亂中勝出的是鮮卑拓跋游牧集團，以他們為核心，從代國—北魏到隋、唐為止一連串的「拓跋國家」統治了中國本土。興起於農耕、游牧交界地帶大同盆地的北魏，面對統治下的游牧民族與農耕民族創造出一套分用部落制與州縣制的複合性統治體系。北魏孝文帝的漢化政策以後，北魏逐漸傾向中國王朝制度，至隋、唐重新統一中國本土，以漢代以來中國王朝的國家制度（本系列叢書第一卷提及的「古典國制」）為基礎，建構出新的統治體系。

同時，自唐朝建國以來便擔任軍事核心的，正是源自北魏六鎮的鮮卑系、匈奴系集團。之後唐太宗擊敗東突厥，精悍的突厥系游牧民族軍團追隨唐朝後即被用於唐朝對外戰爭與邊境防衛。七世紀後半在歐亞大陸東方樹立霸權的唐朝（Tabgach，拓跋、桃花石）軍事力量骨幹，便是由騎馬游牧民族所支撐。這種兼具中國王朝傳統國制加上游牧民族軍事力量的拓跋國家統治體系，使歐亞大陸東方的南北融合達成了第一個階段。只是，在拓跋國家的時代，北方的北蒙古高原游牧王朝柔然和突厥也興起，歐亞大陸東方仍舊保持著如同漢與匈奴般的南北對峙基本結構。

使用與拓跋國家不同的新方法達成南北融合的是契丹。契丹除了一直保持匈奴、突厥流傳下來的游牧王朝特質，同時從耶律阿保機建國之初即把定居民族帶至根據地的草原地帶，使其從事農耕等生產活動，建設了許多作為生產據點的城市及聚落。蒙古高原的草原地帶出現大量城市、聚落與耕地，這在歷史上還算首次。接著契丹將中國本土北邊（燕雲地區）的農耕、游牧交界地帶納入統治，使用基於中國王朝的州縣制開始統治漢地。契丹利用源自游牧王朝的制度與源自唐朝的中國王朝制度，創建出了一套新的複合制度，可以稱之為蕃漢雙重體系的制度。

契丹另一方面的革新，是創設了直屬斡魯朵（宮帳）的禁衛軍團，導入驛傳、文書行政等交通及通訊制度，整頓皇權得以強化集權統治體系等，這些措施克服了游牧王朝往往容易落入權力分散的共通弱點。因此，契丹建立了前所未見的新型態游牧王朝並獲得了重大的成功。

契丹並未發展成類似拓跋國家（隋、唐）或蒙古那般的大帝國，僅保持中等規模的版圖，同時與幾個王朝共存，與南方沙陀系中原政權（五代—北宋）之間又重現了南北對峙的結構。契丹靠著強悍的騎兵軍力占據優勢，在多極化時代的歐亞大陸東方稱霸。十一世紀初，契丹最終與長期以來對峙的北宋締結「澶淵之盟」，這種基於可稱為「澶淵體制」的多個王朝共存機制，之後也是歐亞大陸東方持續多國體制的骨幹體系。

隨著盟約締結一併導入的是，宋朝對北方王朝每年定期繳納銀、絹的制度，此制度也極為重要。因為在這個制度下，江南財物不是僅僅充作北方的軍事費用，也得以越過國境流入北方，進一步也起到促進歐亞大陸東方海陸長距離貿易的作用，使南北間的經濟連結更為加強。北宋給契丹的歲幣、給西夏的歲賜，南宋給金的歲貢、歲幣，皆同屬於此制度。

十三世紀完成空前統合的蒙古帝國，最終成為歐亞大陸的綜合體，兼容並蓄了各地積蓄的知識、習慣、制度、學術、技術等等。契丹的複合性統治制度對蒙古統治者們應該也是值得參考的重要先例，蒙古大致上是透過喀喇契丹（西遼）與金國（或者金國統治下的契丹人）承繼到這些統治技術。特別是驛傳制度（站赤）的建構、文書行政的發達、草原上都市的建設、君主近侍的禁衛軍團（怯薛歹）的建構等，蒙古帝國的此些重要制度多取自契丹這點，相當值得注目。

忽必烈建立的大元兀魯思打造了連結上都、大都的首都圈，將政治中樞自蒙古草原北部移往蒙古草原南部及中國本土，此種大幅度南遷，既維持了游牧民族的軍事力量，又納入了定居農耕民族的生產力，可視為類似契丹的統治體制，但操作更精鍊，體現出系統化的做法。當大元兀魯思進一步滅掉南宋把江南納入統治後，利用穆斯林的商業勢力打造出連結海、陸的交通與物流體系。至此，帝國包含了蒙古、滿洲、中國本土、河西走廊、東突厥斯坦、西藏、雲南、朝鮮半島等，幾乎涵蓋整個歐亞大陸東方，一個真正統合了草原世界與海域世界的王朝國家在歐亞大陸東方史上首度降臨。也可以說，過往花費數世紀形成的歐亞大陸東方之南北交流與融合的趨勢，在大元兀魯思之下成功開花結果。這個龐大的版圖日後將在大清國統治中原時再度重現，大清與蒙古帝國同樣以狩獵民族的軍事力量（滿族、蒙古族聯合的八旗軍）為核心，而該寬廣的國土後續由中華民國、中華人民共和國所承繼，直至今日（詳細內容請參見本系列叢書第五卷）。作為蒙古帝國的一部分，大元兀魯思對歐亞大陸東方的統合，仍給今日龐大的中國留下深遠的影響。

統一中國南北的大元兀魯思透過對鹽專賣、商稅、米的海運等徵稅制度，推動把原本以江南為中心的中國本土財物汲取至北方（包含草原地帶）的財政、經濟政策。以游牧軍事力量為核心的北方王朝吸取經濟活躍的江南財富，這種做法經過多國體制時代澶淵之盟的歲幣（歲賜、歲貢）後，可說在大元兀魯思時代達到成熟的型態。若將歐亞大陸東方史的視野擴展，十一至十四世紀中國江南顯著的經濟發展與契丹、金、蒙古（大元兀魯思）等北方王朝霸權間的聯繫，也將會更清楚地浮現。

後記

最近歷史學界似乎已普遍使用「東部歐亞大陸」這個概念，與本書提及的「歐亞大陸東方」概念幾乎一致。實際上，「歐亞大陸東方史」是筆者從十五年前便反覆斟酌，一有機會便提倡的概念。當時筆者正著手契丹與北宋的關係史研究，但在橫跨草原與中華的主題下，既有的「東亞史」等框架並不能有效應用於橫跨草原與中華的主題。值此之際，我由內亞史研究的新潮流中獲得發想：從歐亞大陸規模的視野考察中國史與東亞史，並得出「歐亞大陸東方史」的構想。本書提出的「澶淵體制」同樣也是當時研究的成果之一。

之後從二〇一〇年起的七年時間，筆者於任教的岡山大學文學部幾乎每年都負責講授的概說課程中提出了「歐亞大陸東方史概說」的主題，首次以通史形式系統性地進行介紹討論。在不斷更新與持續數年的授課中，逐漸感受到需要一本淺顯易懂的教科書或概說書籍。就在此時，大約二〇一六年夏天接到舊識岡本隆司先生邀約執筆本系列叢書。在說明中得知，這是一套嘗試以地區的多元性及整體性重構中國史的大膽嘗試，要求我執筆的草原世界與中國如何相關的主題，正是我想撰寫的內容，當時便水到渠成地接下這個邀請。

然而，一旦開始撰寫後卻發現異常困難。雖然有授課筆記的基礎資料，但必須從頭學起的部分也不少。所幸在日本相關領域大量研究積累的引領下，最終還是將本書整合完成。必須說明的是，在筆者專門領域的本書第二至四章中，對於過往中國史相關的通史或講座中未曾直接處理的部分，雖然也參考了許多先行研究，但也包含了大量基於筆者自身的研究創見。

本書撰寫過程中，森部豐先生閱讀了到第三章為止的草稿後，以及毛利英介先生閱讀了完整的校對稿後，都對我提出了寶貴的意見並糾正了不少的錯誤。負責本書的岩波新書編輯部永沼浩一先生努力激勵喜歡拖稿的我，一路協助我確實完成本書。關於企畫本系列叢書的岡本隆司先生，除了對他卓越的企畫能力感到驚嘆，也感謝他給予我執筆本書的機會，以及經常惠賜非常有益的建議。對於一直協助完成本書的諸位，在此致上最深的謝意。

二〇二〇年二月　於京都紫竹寓所

古松崇志

1219 成吉思汗出發遠征花剌子模。

1227 成吉思汗過世。蒙古滅西夏。

1234 蒙古滅金。

1236 蒙古諸王、功臣於華北分地分民（丙申年分撥）。拔都開始西方遠征。

1258 蒙哥率領蒙古軍侵略南宋，鄂州之役。旭烈兀率蒙古軍攻陷巴格達。

1260 忽必烈與阿里不哥二人皆即位。

1264 阿里不哥向忽必烈投降。

1266 忽必烈開始建設大都。

1271 忽必烈定國號為大元。

1276 蒙古軍進入南宋國都臨安。

1279 蒙古消滅南宋殘存勢力。

1294 忽必烈過世，其孫鐵穆耳即位。

1303 都哇放逐海都之子，察合臺兀魯思（察合臺汗國）建立。

1328 上都、大都分為兩部內戰（天曆之變）。

1342 黃河開始氾濫。

1351 紅巾之亂爆發。

1368 朱元璋於南京即位，建立大明國（明太祖、洪武帝）。明軍北伐，妥懽貼睦爾逃往北方。

1388 脫古思帖木兒被殺，忽必烈血脈的王朝斷絕。

875	唐朝爆發黃巢之亂。
905	沙陀的李克用與契丹的耶律阿保機於雲州締結會盟。
907	唐朝滅亡，朱全忠建立後梁。契丹的耶律阿保機稱天皇帝。
916	耶律阿保機即皇帝位，契丹國建國。
923	沙陀的李存勗即位，後唐建國，滅後梁。
926	契丹滅渤海國。
936	石敬瑭得契丹援軍建立後晉，滅後唐，燕雲地區割讓給契丹。
946	契丹侵略中原滅後晉，改國號大遼。
954	柴榮即位（後周世宗），高平之戰擊敗北漢。
960	趙匡胤建立宋朝（北宋太祖）。
979	北宋滅北漢，侵略契丹時遭遇大敗。
986	北宋侵略契丹，於岐溝關與君子館之戰大敗。
1004	契丹侵略北宋，締結澶淵之盟。
1038	夏州黨項李元昊即位稱帝，大夏（西夏）建國。
1042	契丹與北宋締結第二次盟約。
1044	北宋與西夏締結盟約談和。
1072	北宋遠征青唐吐蕃，創設熙河路。
1104	北宋滅青唐吐蕃王國。
1115	女真的完顏阿骨打即位稱帝，建國號金。
1117	平定遼東的完顏阿骨打宣布二度即位。
1124	契丹的耶律大石於蒙古高原北部糾集游牧民族集團。
1125	金朝俘虜遼天祚帝，契丹滅亡。
1126	金朝攻陷開封，北宋滅亡（靖康之變）。
1132	契丹的耶律大石於八剌沙袞即位稱帝（喀喇契丹〔西遼〕建國）。
1142	金朝與南宋二度成立和議（皇統和議、紹興和議）。
1153	金朝海陵王遷都中都。
1161	金朝海陵王侵略南宋，途中被殺。烏祿於遼陽即位（金世宗）。
1165	金朝與南宋三度議和（大定和議、隆興和議）。
1196	金朝侵略韃靼（烏勒扎河之戰）
1206	南宋進攻金國。蒙古的鐵木真即位，號成吉思汗，大蒙古國建國。
1213	蒙古侵略金朝，包圍中都。
1214	金朝與蒙古談和，金遷都汴京（貞祐南遷）。

簡略年表

因西曆與中國傳統曆法不盡然一致，因此西曆為大致年分。

386	拓跋珪稱代王，之後改稱魏王。
398	拓跋珪遷都平城，稱帝（北魏道武帝）。
439	北魏滅北涼，統一華北。
494	北魏孝文帝遷都洛陽。
524	北魏爆發六鎮之亂。
535	長安與鄴城兩帝並立，北魏分裂為東西魏。
552	土門自稱伊利可汗，建立突厥第一汗國。
577	北周滅北齊，統一華北。
581	楊堅即位，稱國號隋。
589	隋滅南朝的陳，統一中國。
599	東突厥降隋。
618	隋煬帝於揚州被殺。李淵即位，國號為唐。
626	玄武門之變，李世民即位（唐太宗）。
630	唐滅東突厥。突厥系游牧民族向唐太宗獻上天可汗稱號。
657	唐打敗西突厥，使其臣服。
668	唐與新羅聯軍滅高句麗。
682	突厥的頡跌利施可汗即位，突厥第二汗國建立。
690	武則天稱帝。國號周。
696	契丹對武周發起叛亂。
698	大祚榮於渤海建國。
716	突厥的毘伽可汗即位。
744	懷仁可汗即位，回紇建國。
755	安史之亂爆發。
756	安祿山於洛陽即位大燕皇帝。唐玄宗逃離長安，唐肅宗於靈武即位。
763	史朝義被殺，安史之亂平定。吐蕃占領長安。
822	唐與吐蕃締結會盟。
840	回鶻因黠戛斯的攻擊而崩解。

杉山正明『モンゴル帝国と大元ウルス』京都大学学術出版会，2004年
杉山正明『クビライの挑戦——モンゴルによる世界史の大転回』（初出1995年）講談社学術文庫，2010年
陳高華（佐竹靖彦訳）『元の大都——マルコ・ポーロ時代の北京』中公新書，1984年
前田直典『元朝史の研究』東京大学出版会，1973年
松田孝一「西遼と金の対立とチンギス・カンの勃興」『13-14世紀モンゴル史研究』1，2016年
宮紀子『モンゴル時代の出版文化』名古屋大学出版会，2006年
宮紀子『モンゴル時代の「知」の東西』名古屋大学出版会，2018年
向正樹「モンゴル帝国とユーラシア広域ネットワーク」秋田茂編『グローバル化の世界史』ミネルヴァ書房，2019年
渡辺健哉『元大都形成史の研究——首都北京の原型』東北大学出版会，2017年

林』89-3，2006年
森安孝夫『東西ウイグルと中央ユーラシア』名古屋大学出版会，2015年

第四章

井黒忍「耶懶完顔部の軌跡——大女真金国から大真国へと至る沿海地方—女真集団の歩み」天野哲也・池田榮史・臼杵勲編『中世東アジアの周縁世界』同成社，2009年
井黒忍「金初の外交史料に見るユーラシア東方の国際関係——『大金弔伐録』の検討を中心に」『遼金西夏研究の現在』3，東京外国語大学アジア・アフリカ言語文化研究所，2010年
外山軍治『金朝史研究』東洋史研究会，1964年
古畑徹『渤海国とは何か』吉川弘文館「歴史文化ライブラリー」，2018年
古松崇志「金国の正旦・聖節の儀礼と外国使節」『東方学報　京都』95，2019年
古松崇志・臼杵勲・藤原崇人・武田和哉編『金・女真の歴史とユーラシア東方』勉誠出版，2019年
三上次男『金史研究』1～3，中央公論美術出版，1970-73年
毛利英介「大定和議期における金・南宋間の国書について」『東洋史研究』75-3，2016年
吉野正史「巡幸と界壕——金世宗，章宗時代の北辺防衛体制」『歴史学研究』972，2018年

第五章

飯山知保『金元時代の華北社会と科挙制度』早稲田大学出版部，2011年
岡田英弘『モンゴル帝国から大清帝国へ』藤原書店，2010年
川本正知『モンゴル帝国の軍隊と戦争』山川出版社，2013年
白石典之『モンゴル帝国誕生——チンギス・カンの都を掘る』講談社，2017年
杉山正明『モンゴル帝国の興亡』講談社現代新書，1996年

島田正郎『契丹国——遊牧の民キタイの王朝』（初出1993年）東方書店「東方選書」，2014年
高井康典行『渤海と藩鎮——遼代地方統治の研究』汲古書院，2016年
武田和哉「遼朝の蕭姓と国舅族の構造」『立命館文学』537，1994年
田村實造『中国征服王朝の研究』上，東洋史研究会，1964年
西村陽子『唐代沙陀突厥史の研究』汲古書院，2018年
森部豊「河東における沙陀の興起とソグド系突厥」（初出2004年。前掲『ソグド人の東方活動と東ユーラシア世界の歴史的展開』所収）
森部豊「唐代奚・契丹史研究と石刻史料」『関西大学東西学術研究所紀要』49，2016年
吉本道雅「遼史世表疏証」『京都大学文学部研究紀要』50，2011年

第三章

荒川慎太郎・澤本光弘・高井康典行・渡辺健哉編『契丹［遼］と10～12世紀の東部ユーラシア』勉誠出版，2013年
伊藤一馬「北宋太祖・太宗期の内外軍事情勢と軍事指揮官——都部署を中心に」『大阪大学大学院文学研究科紀要』59，2019年
岩﨑力「宗哥城唃厮囉政権の性格と企圖」『中央大学アジア史研究』2，1978年
岩﨑力『西夏建国史研究』汲古書院，2018年
榎一雄「王韶の熙河経略に就いて」（初出1940年）汲古書院『榎一雄著作集7　中国史』，1992年
岡崎精郎『タングート古代史研究』東洋史研究会，1972年
竺沙雅章『独裁君主の登場——宋の太祖と太宗』（初出1984年）清水書院「新・人と歴史　拡大版」，2017年
藤原崇人『契丹仏教史の研究』法藏館，2015年
古松崇志「契丹・宋間の澶淵体制における国境」『史林』90-1，2007年
古松崇志「10～13世紀多国並存時代のユーラシア東方における国際関係」『中国史学』21，2011年
古松崇志「契丹・宋間の国信使と儀礼」『東洋史研究』73-2，2014年
毛利英介「澶淵の盟の歴史的背景——雲中の会盟から澶淵の盟へ」『史

第一章

岩尾一史「古代チベット帝国の外交と「三国会盟」の成立」『東洋史研究』72-4，2014年
石見清裕『唐の北方問題と国際秩序』汲古書院，1998年
石見清裕『唐代の国際関係』山川出版社，2009年
川本芳昭『中華の崩壊と拡大――魏晋南北朝』（中国の歴史05）講談社，2005年
齊藤茂雄「突厥有力者と李世民――唐太宗期の突厥羈縻支配について」『関西大学東西学術研究所紀要』48，2015年
佐川英治『中国古代都城の設計と思想』勉誠出版，2016年
鈴木宏節「唐代漠南における突厥可汗国の復興と展開」『東洋史研究』70-1，2011年
藤善眞澄『隋唐時代の仏教と社会――弾圧の狭間にて』白帝社，2004年
町田隆吉「北魏太平真君四年拓跋燾石刻祝文をめぐって――「可寒」・「可敦」の称号を中心として」『アジア諸民族における社会と文化――岡本敬二先生退官記念論集』国書刊行会，1984年
松下憲一『北魏胡族体制論』北海道大学出版会，2007年
護雅夫『古代遊牧帝国』中公新書，1976年
森部豊『ソグド人の東方活動と東ユーラシア世界の歴史的展開』関西大学出版部，2010年
森部豊『安禄山――「安史の乱」を起こしたソグド人』山川出版社，2013年
森部豊編『ソグド人と東ユーラシアの文化交渉』勉誠出版，2014年
森安孝夫『シルクロードと唐帝国』（初出2007年）講談社学術文庫「興亡の世界史5」，2016年
山下将司「唐のテュルク人蕃兵」『歴史学研究』881，2011年

第二章

島田正郎『遼代社会史研究』三和書房，1952年

主要參考文獻

與全書相關的文獻

斯波義信他編『中国史３　五代～元』山川出版社，1997年
杉山正明編『中央ユーラシアの統合——9~16世紀』（岩波講座世界歴史11）岩波書店，1997年
杉山正明『疾駆する草原の征服者——遼 西夏 金 元』（中国の歴史08）講談社，2005年
竺沙雅章『征服王朝の時代』講談社現代新書，1977年
護雅夫・神田信夫編『北アジア史』山川出版社，1981年

序章

石見清裕「ラティモアの辺境論と漢～唐間の中国北辺」『唐代史研究会報告第VIII集　東アジア史における国家と地域』刀水書房，1999年
杉山清彥「中央ユーラシア世界——方法から地域へ」（羽田正編『地域史と世界史』）ミネルヴァ書房，2016年。
杉山正明『遊牧民から見た世界史　増補版』（初出1997年）日経ビジネス人文庫，2011年
妹尾達彥『グローバル・ヒストリー』中央大学出版部，2018年
草原考古研究会編『ユーラシアの大草原を掘る—草原考古学への道標』勉誠出版，2019年
林俊雄『スキタイと匈奴——遊牧の文明』（初出2007年）講談社学術文庫「興亡の世界史2」，2017年。
松井健『遊牧という文化——移動の生活戦略』（初出2001年）吉川弘文館「歴史文化ライブラリー」，2017年
松田壽男『アジアの歴史——東西交渉からみた前近代の世界像』（初出1971）岩波現代文庫，2006年
間野英二『中央アジアの歴史——草原とオアシスの世界』講談社現代新書，1977年

社，2006年

圖29＊……杉山正明（1996）

圖30＊……林田槇之助《北京物語—黃金の甍と朱楼の都》集英社，1987年

圖31＊……小松久男他編《中央ユーラシアを知る事典》平凡社，2005年

圖32……伊藤郁太郎監修《中国やきもの入門》平凡社，2009年

地圖製作：前田茂實

圖表出處一覽

此處未刊載者係由作者製作、攝影。＊號者為刊載時有加以變更者

圖1＊……杉山清彥（2016）
圖2＊……妹尾達彥（2018）
圖3＊……林俊雄（2007）
圖4＊……森安孝夫（2007）
第1章章名頁……《西安北周安伽墓》文物出版社，2003年
圖5＊……谷川道雄《隋唐帝国形成史論》筑摩書房，1971年
圖6……森部豊（2013）
圖7……中央ユーラシア学研究会提供
圖8……森部豊（2013）
圖9……森安孝夫（2007）
第2章章名頁……《宋代書畫冊頁名品特展》國立故宮博物院，1995年
圖12……董新林〈遼上京規制和北宋東京模式〉《考古》2019—5
圖13……斯波義信他編（1997）
圖14……同上
圖15＊……竺沙雅章（1977）
圖17＊……竺沙雅章《范仲淹》白帝社，1995年
圖20……《顏真卿—王羲之を超えた名筆》東京国立博物館，2019年
第4章章名頁……《白山・黒水・海東青：紀念金中都建都860周年特展》文物出版社，2013年
圖21＊……古畑徹（2018）
圖25……《中国大百科全書・考古学》中国大百科全書出版社，1986年
第5章章名頁……《大汗的世紀——蒙元時代的多元文化與藝術》國立故宮博物院，2001年
圖27＊……白石典之《チンギス・カン—"蒼き狼"の実像》中央公論新

【岩波新書・中國的歷史】3

草原的稱霸

2021年11月初版
定價：單冊新臺幣350元
一套新臺幣1750元

著　　者　古松崇志
譯　　者　黃耀進
叢書主編　王盈婷
校　　對　馬文穎
內文排版　極翔企業
封面設計　許晉維

副總編輯　陳逸華
總 編 輯　涂豐恩
總 經 理　陳芝宇
社　　長　羅國俊
發 行 人　林載爵

出　版　者　聯經出版事業股份有限公司
地　　　址　新北市汐止區大同路一段369號1樓
叢書主編電話　(02)86925588轉5316
台北聯經書房　台北市新生南路三段94號
電　　　話　(02)23620308
台中分公司　台中市北區崇德路一段198號
暨門市電話　(04)22312023
台中電子信箱　e-mail：linking2@ms42.hinet.net
郵政劃撥帳戶第0100559-3號
郵撥電話　(02)23620308
印　刷　者　文聯彩色製版印刷有限公司
總　經　銷　聯合發行股份有限公司
發　行　所　新北市新店區寶橋路235巷6弄6號2樓
電　　　話　(02)29178022

行政院新聞局出版事業登記證局版臺業字第0130號

本書如有缺頁，破損，倒裝請寄回台北聯經書房更換。　ISBN 978-957-08-6051-1 (平裝)
聯經網址：www.linkingbooks.com.tw
電子信箱：linking@udngroup.com

Series CHUGOKU NO REKISHI, 5 vols
Vol. 3, SOUGEN NO SEIHA: DAIMONGORU MADE
by Takashi Furumatsu

Originally published in 2020 by Iwanami Shoten, Publishers, Tokyo.
This complex Chinese edition published 2021
by Linking Publishing Co., Ltd., New Taipei City
by arrangement with Iwanami Shoten, Publishers, Tokyo

國家圖書館出版品預行編目資料

【岩波新書・中國的歷史】3 草原的稱霸/古松崇志著．
黃耀進譯．初版．新北市．聯經．2021年11月．272面．14×21公分
ISBN 978-957-08-6051-1（平裝）

1.中國史

610　　110017058